轻疗愈

悦读版

THE TAPPING SOLUTION

15分钟快速减压
平衡情绪的深层疗愈法

[美] 尼克 · 奥特纳（Nick Ortner）◎著　　美　同 ◎译

当代中国出版社
Contemporary China Publishing House

2018年 · 北京

版权合同登记号 图字：01－2018－4587

图书在版编目（CIP）数据

轻疗愈：悦读版 / (美) 尼克·奥特纳 (Nick Ortner) 著；美同译. -- 2版. -- 北京：当代中国出版社，2018.11
书名原文：The tapping solution
ISBN 978-7-5154-0858-3
Ⅰ. ①轻… Ⅱ. ①尼… ②美… Ⅲ. ①精神疗法 Ⅳ. ①R749.055
中国版本图书馆CIP数据核字（2018）第182804号

出 版 人 曹宏举
执行策划 黄 河 桂 林 隋 聃
策划编辑 隋 聃
责任编辑 隋 聃
特约编辑 韩周航
封面设计 安宁书装
版式设计 汪勋辽
出版发行 当代中国出版社
地 址 北京市地安门西大街旌勇里 8 号
网 址 http://www.ddzg.net 邮箱：ddzgcbs@sina.com
邮政编码 100009
编 辑 部 (010) 66572264 66572154 66572132 66572180
市 场 部 (010) 66572281 66572161 66572157 83221785
印 刷 深圳市雅佳图印刷有限公司
开 本 880 毫米 ×1230 毫米 1/32
印 张 10 印张 221 千字
版 次 2018 年 11 月第 1 版
印 次 2018 年 11 月第 1 次印刷
定 价 45.00 元

致中国读者的信

TO MY CHINESE READERS,

THANK YOU FOR ALLOWING ME TO SHARE MY DISCOVERIES WITH YOU.

AS YOU WILL READ IN THE BOOK, THIS TAPPING TECHNIQUE HAS ITS ORIGINS IN ANCIENT CHINESE MEDICINE, SO I AM ESPECIALLY PROUD TO SHARE IT WITH YOU, AND AM GRATEFUL FOR ALL THE WISDOM YOUR CREATIVE AND INNOVATIVE PEOPLE HAVE GIVEN TO THE WORLD.

I HOPE YOU ENJOY READING IT AS MUCH AS I ENJOYED WRITING IT.

WITH BEST WISHES,

NICK ORTNER

致中国读者：

感谢你们阅读这本书。

事实上，情绪释放疗法与中国古代的某些疗法有异曲同工之妙，所以得知本书将出版中文简体版，我深感荣幸。我想说，中华民族是一个充满智慧和创造力的民族，感谢你们奉献给这个世界诸多宝贵遗产。

写作此书对我而言是一种享受，同时，我也希望把这份美好的感觉传递给你们。

祝好！

尼克·奥特纳

THE TAPPING SOLUTION

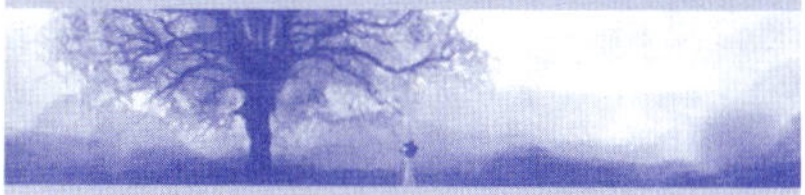

推荐序 I

Amanda 老师
“疗愈的花瓣”自助平台创办人

能量心理学的自助时代来临

能量心理学不同于东方经络学，它虽然以中国 5000 年经络学为基础，但它的重点旨在疗愈心理问题，以及由心理（情绪）问题所引起的身体症状。能量心理学所关注的是情绪健康，而东方经络学更集中治疗身体层面由经络不通引发的各种症状。能量心理学最具代表性的疗法就是情绪释放疗法。

2011 年，我初次把情绪释放疗法以及其他一些能量疗法带到国内，那时候大家对能量疗法还是普遍陌生的，也查找不到这方面的介绍资料。当时，我和我的学生翻译了不少情绪释放疗法的介绍性资料，我把它们转化为平实的语言，并加入了很多本土化的东西和自己总结的经验。

当时，尽管万事开头难，但我认为能量疗法很适合中国人，它不涉及任何灵性和宗教的成分，也没有心理学书籍教条而冗长的理论，容易上手，见效显著，因此能够满足我们这个“压力山大”而又寻求“速食时代”的需求。

我当时也是凭着一颗炙热之心，建立能量疗法的自助平台，因为我早已预见两点：第一，未来是能量疗法的时代，人们将逐渐放下对药物的盲目迷信，而把注意力放在保健和食疗上，从而逐步走入从能量和情绪释放的角度达到身心平衡的阶段；第二，水瓶时代精神的加深，让我们内在的力量复苏，我们将不再过度依赖外界的力量去创造和实现愿望，自助将是未来疗愈自我的大方向。

当编辑找到我为尼克·奥特纳的《轻疗愈（悦读版）》（*The Tapping Solution*）写推荐序时，我兴奋地想：这本书，我等了两年！它终于来到了中国！尼克是我非常欣赏的情绪释放疗法领域的先锋人物！他没有经过任何这方面的培训，也没有心理学背景，他最初创建情绪释放疗法世界网络峰会时完全是凭着一腔热血，几年来不知让多少人受益，而我也是其中一员。

尼克对于情绪释放疗法的操作技巧和诠释完全来自实践。因此，他的书中没有长篇大论的教条，而是大量案例和供自我使用的引导语，以及适量的专家研究报告和深入疗愈的资源。全书涉及的方面非常广，从简单的头痛到幼年创伤，从工作压力到财务问题，是适合人手一本的好书。可以说，随着这本书的到来，定能引爆能量心理学的繁盛时代！

情绪释放疗法浅显易懂，尽管我们中国人的问题普遍比较复杂，但它在处理我们日常情绪及舒缓压力方面完全可以胜任！未来，随着人们对能量疗法认识的加深，我们也需要更多的能量疗愈师加入进来，因为内在深层的问题，需要更为专业的辅助。

期待未来的中国全民能敲打释放，让能量疗法真正深入每个家庭，使我们的生活变得更和谐、更美好。这也是我心中最美好的愿景！

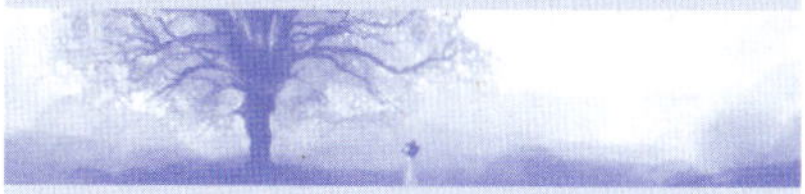

推荐序II

马克·海曼（Mark Hyman）
医学博士

释放身心，重获自由

葆拉（Paula）头疼很严重，几乎每天都犯。这种情况已持续了十几年。尽管我给她开了安眠药，可她每个月还得跑四五趟急诊室，因为她的头痛和由此引发的失眠实在太严重了。除了服药，她还调整了自己的生活方式，因为这对类似的病症通常有效，比如不吃谷蛋白、肉类、奶制品和服用膳食补充剂等，可她的头痛一点儿也没减轻，这让她什么事都做不了。

一年前，我认识了尼克·奥特纳。他擅长使用情绪释放疗法（Emotional Freedom Techniques，*简称 EFT，目前国内尚无统一翻译，本书翻译为“情绪释放疗法”。——译者注*）。他向我解释了情绪释放疗法的科学原理，分析了这种疗法为什么能解决那么多健康问题，从身体病痛、心理困扰到情感关系。于是我决定让葆拉去找尼克，他的疗法或许能解决葆拉的问题，但我还是拿不准。我把疑惑告诉了葆拉，不过当时的她已经到了病急乱投医的地步。

在治疗过程中，我零星地听说了葆拉的好消息，比如她的头痛正在缓解，服药量也比以前少了。几个月后，当我见到她时，我还是大吃了一惊。这时葆拉的头已经完全不痛了，同时也不再服用任何药物了。

亲眼见证了情绪释放疗法的神奇疗效之后，我想了解更多，于是我独自探索并最终认定将情绪释放疗法与医学结合将大有裨益。至今，我仍然把疑难病例介绍给尼克，他用情绪释放疗法治疗的效果仍然稳定而持久。

我是一名执业医师，看到情绪释放疗法开创的治疗新天地，我由衷地感到兴奋。无论是医学还是其他任何科学，都需要我们拓展认识的疆域，检视治疗的手段和方法。持续不断地探究最有效的治疗方法是我们的工作和职责，我们不能仅仅头痛医头、脚痛医脚，还应寻找从根本上消除病症的方法。打个比方说，我们不能仅仅给蔫了的枝叶浇水，而应该把注意力放在根部，这样植物才能枝繁叶茂。

情绪释放疗法快速而有效地调节身体的压力反应，找到病症的根源，然后对症下药。它能够在心智、情感和身体等多个层面上改善健康，如治愈情绪低落、焦虑、创伤后应激障碍、纤维肌痛等，如果再配合健康的生活方式，情绪释放疗法就能积极而快速地调适那些经常让我们生病的压力。

想想未来几年、几十年，我能自然而然地见到这样的一个世界：在那里，情绪释放疗法把我们从不必要的药物治疗中解放出来，提升我们的身心健康，为我们创造出更丰富、更圆满、更友爱的富足生活……能够参与创造这样一个新世界，我感到既荣幸又激动，同时我希望你也能运用这本书收获情绪释放疗法带给你的无尽幸福。

权威推荐

田宛灵：全球好太太俱乐部创始人

《轻疗愈（悦读版）》向我们介绍了一种备受心理学界喜爱的治疗技术：情绪释放疗法。它像一块“情绪橡皮擦”，从心理学、中西医学和脑神经科学的角度，带你快速抹去愤怒、忧伤、焦虑等破坏性情绪，让你释放潜意识伤痛、轻松疗愈自我。跟随本书敲击，你将一扫阴霾。

露易丝·海：Louise Hay，《生命的重建》（*You Can Heal Your Life*）作者

尼克·奥特纳教我用情绪释放疗法解决了身心的各种问题。他的方法简单好用，效果也确实很神奇。我很喜欢这本书，相信你也会喜欢。

韦恩·戴尔：Wayne Dyer，《正能量：实践版》（*Your Erroneous Zones*）作者

不用怀疑了，情绪释放疗法真的管用，我找尼克治疗过，这个疗法对我的生活大有裨益。

乔·维泰利：Joe Vitale，《零极限》（*Zero limits*）作者之一

《轻疗愈（悦读版）》介绍了解决我们身心困扰的方法。尼克·奥特纳真是个天才！现在就来看这本书吧，它可以帮你永远解脱身心困扰！

黛比·福特：Debbie Ford，《接纳不完美的自己》（*The Dark Side of the Light Chasers*）、《好人为什么想做坏事》（*Why Good People Do Bad Things*）作者

情绪释放疗法是革命性的治疗方法，众多治愈的案例足以证明其神奇而有效。尼克为这个突破性的新疗法制订了一整套方案，它能帮助你释放恐惧情绪。

克里斯蒂安·诺斯鲁普：Christiane Northrup，《女人的身体 女人的智慧》（*Women's Bodies, Women's Wisdom*）作者

我真心推荐情绪释放疗法！跟着这本书开始你的敲击之旅，前面就是健康和幸福。

盖伊·亨德里克斯：Gay Hendricks，《大飞跃》（*The Big Leap*）作者

尼克·奥特纳向他的读者详细讲述了情绪释放疗法的历史、敲击的正确方法，以及不同的人如何运用情绪释放疗法改善了自身生活。能够接触这一疗法真的非常高兴！

琳内·麦克塔格特：Lynne McTaggart，《疗愈场》（*The Field*）作者

情绪释放疗法是一种相对较新但非常有效的治疗方法，它能治疗许多让我们苦恼的问题。尼克不仅讲述了情绪释放疗法背后的科学原理，而且提供了操作指南。他还讲述了令人（包括尼克自己）难以置信的成功案例，这些事例将促使你投入情绪释放疗法的怀抱。所以，今天就拿起这本书，让这个简单而行之有效的方法成为你疗愈身心的武器吧！

克丽丝·卡尔：Kris Carr，《疯狂性感厨房》（*Crazy Sexy Diet*）作者

情绪释放疗法极大地提高了我的生活和工作的质量，除了尼克·奥特纳，我实在想不出更好的人选来为你展示这意义深远的疗法。尼克是我的私人教练，现在只要你读这本开创性的书，他也能成为你的私人教练。你千万不要错过这个治疗的机会，它不仅能改变你的生活，而且能够让你在关键时刻化险为夷。

阿里尔·福特：Arielle Ford，《心心相印的秘密》（*The Soulmate Secret*）作者

尼克·奥特纳是一位情绪释放大师，他有一套实用易学的治疗方法，这套方法能够引导你走上负面情绪、身体病痛等问题的疗愈之路。尼克用一种奇妙的方式调整你的大脑，使你过上精彩的生活。

奇普·康利：Chip Conley，美好生活精品酒店创始人，《巅峰》（*Peak*）作者

在我人生最低谷的那几年，我接触到了情绪释放疗法。神奇的是，这种非正统的疗法居然重塑了我的生活，让我有种拨云见日的感觉。这本书考虑周详，信息量大，它将让你了解这种革命性的治疗技术，让你知道如何实施，以及为什么会产生这么好的治疗效果。

卡罗尔·塔特尔：Carol Tuttle，《轻声的启迪》（*The Child Whisperer*）作者

如果你想大幅提升你的生活质量，那么就听听尼克·奥特纳怎么说吧。作为敲击治疗领域的重量级老师和带头人，尼克帮助世界各地的人拓展心智和生活。如果要学习并成功运用情绪释放疗法，《轻疗愈（悦读版）》就是最实用的工具。按照尼克的指导去实践吧，巨大的变化和美妙的生活就在前方。

乔·梅克拉：Joe Mercola，自然养生网站 Mercola.com 创始人

我的几千位遭受身心折磨的患者接受了情绪释放疗法，我亲眼见证了它的威力，没有比这更神奇的事了！情绪释放疗法能够令你获得难以置信的突破，也能给你的日常生活带来便利。尼克·奥特纳是情绪释放专家，他能用切合实际的方式教你应用这一疗法。

道森·彻奇：Dawson Church，《唤醒你基因里的精灵》（*The Genie in Your Genes*）作者

我认为，情绪释放疗法是 100 年来心理学和医学领域最重要的成就之一。在本书中，尼克·奥特纳对情绪释放疗法的介绍极为详尽，如果你想了解并快速掌握这一疗法，本书正是你需要的。书中详细记录了许多治疗案例、几十个实操练习以及特定部位的敲击指引，这一切都将带你走进情绪释放疗法的神奇世界。

尼克用神经科学的最新进展解释了情绪释放疗法的治疗原理，同时，他也让这一疗法变得真正有用，使它能够解决我们每天都要面对的现实问题。如果你想打破禁锢生活的锁链，本书就是那把钥匙。

丽莎·加尔：Lisa Garr，《觉醒》（*The Aware Show*）灵性广播节目主播

不仅尼克·奥特纳本人充满正能量，他的书也同样充满正能量。尼克真心想让人们意识到情绪释放疗法的疗愈效果，他的观点应当走向世界。我喜欢尼克的解说，他条分缕析，使情绪释放疗法变得实用易学。只要遵循书中的步骤，你就能立即摆脱烦恼。

保罗·舍勒：Paul Scheele，逍遥右脑记忆法的开发者

在发展情绪释放疗法的技艺和科学方面，在全球范围内尼克·奥特纳可算是数一数二了，尤其是这本书的出版，使得这一点更加确定无疑。经过创新，尼克让情绪释放疗法这一天赐的礼物能够惠及所有人。

无论你是刚刚接触情绪释放疗法的新手，还是实习医生，或者临床治疗师，本书对你来说都是最完美的指引。方法都在书里，你做了就能立即受益，找人一起尝试吧！未来几年，情绪释放疗法一定会大有发展。

唐娜·伊登、大卫·范斯坦：Donna Eden、David Feinstein，《能量心理学的承诺》（*The Promise of Energy Psychology*）合著者

尼克·奥特纳已经让超过 50 万人感受了敲击穴位的魔力，使他们变得更健康、更幸福。尼克亲自用无比清晰的语言告诉你，如何改变那些对你造成束缚的思想和行为模式，如何改善你的情感关系，如何在你所看重的事情上取得成功，以及如何才能过上更健康、更快乐、更富足的生活。

露丝·巴钦斯基：Ruth Buczynski，美国国家行为医学临床应用研究所（The National Institute for the Clinical Application of Behavioral Medicine）主席

渴望新生活的到来，却又不敢有所尝试。那么，你一定不想错过这本书。这本书能帮你找到前行的障碍，然后，运用情绪释放疗法，你就可以永远地解决它们。尼克·奥特纳揭开了情绪释放疗法的神秘面纱，他将指导你把它运用在生活中的任何方面。

埃里克·罗宾斯：Eric Robins，泌尿外科医生和心身治疗专家

哇，这本书真是太神奇了！尼克的文字引人入胜，充满激情，同时他也把情绪释放疗法背后的治疗原理阐释得透彻无比，如何运用它解决各种问题他也讲得十分详尽，尼克不愧是情绪释放疗法的大师。在过去的14年里，尽管我每天都用这一疗法来治疗患者，但我还是从他的书中学到了很多新技能。这是我所读到过的最积极、最诚恳、最令人振奋的书之一，它绝对是这一领域的经典之作。强烈推荐！

帕特里夏·卡林顿：Patricia Carrington，临床精神病学副教授

这本书很开阔眼界，对于尚未了解情绪释放疗法的人，以及已经有所了解、还想立刻运用它解决自身具体问题的人来说，这本书都将为他们带去巨大的帮助。这本书对每一个人来说都意义重大！

埃里克·列斯科维茨：Eric Leskowitz，哈佛医学院（Harvard Medical School）中西医结合小组主任

我是一名有超过25年临床经验的精神科执业医生。在我看来，情绪释放疗法是我见到过的最有前景的新兴治疗方法。这本书向读者概要地介绍了情绪释放疗法的来源、原理和功用。这个疗法看似简单，但其应用将是无限的，它是心理治疗和个人成长的重要途径。这本书内容充实、趣味性高、简明易用，尼克·奥特纳应当受到赞扬。

利萨·兰金：Lissa Rankin，《心智胜过医药》（*Mind Over Medicine*）作者

对于那些想消除引发恐惧、焦虑和慢性疾病的负面意念的人来说，看这本书就够了。科学数据表明，人们可以通过身体活动开启或关闭自我修复技能。这种活动能关闭身体的应激反应，同时开启身体的放松反应。情绪释放疗法就是这样的心身转换活动，尼克·奥特纳热情而又不失优雅地教你掌握这种简单的自我修复方法。

阿加皮·斯达西诺鲍罗斯：Agapi Stassinopoulos，《放飞心灵》（*Unbinding the Heart*）作者

这本书真的很有价值！尼克把情绪释放疗法介绍给了所有的人，让我们能了解并运用它来摆脱不利的固有反应模式，同时体验到更多的自由和快乐，通过情绪释放疗法其实很容易实现这些。

马斯汀·基普：Mastin Kipp，TheDailyLove.com 创始人，首席执行官

情绪释放疗法完全改变了我的生活。起初，我还以为这只是个小噱头，然而事实并非如此。这是一种革命性的疗法，它将带你深入心灵，让你体验到情感自由。我永远感激尼克·奥特纳把情绪释放疗法介绍给了我。这是一本必读书！

THE TAPPING SOLUTION

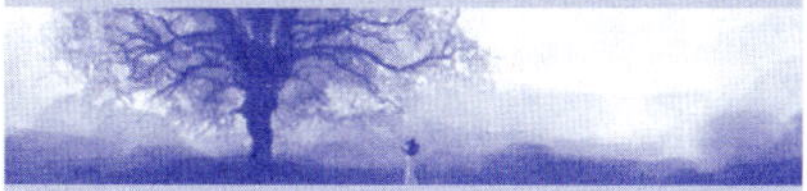

前言

放手过去，开始全新的生活

我看上去一定很傻，至少我这么认为。

2004 年的春天，我一个人坐着，一边盯着电脑屏幕，一边自言自语，同时还在身上的不同部位敲来敲去。如果你从窗外看到我，你肯定会觉得我有毛病。

实际上，我确实有点反常。那天早上醒来，我的脖子非常疼，疼得我都不知道那一天该怎么过。你知道我说的那种疼法吧？接下来的一天、两天，甚至三天，可能我都得缓慢地转动脖子，在别人眼里就像个机器人。

只要能消除疼痛，让我干什么都行，包括敲敲打打，虽然它看上去有点奇怪。

关于情绪释放疗法，我已经听说过很多，据说它将中国古代的针灸和现代心理学相结合，能治疗极为广泛的病症。我从书上读过一个又一个无比神奇的成功案例，所以我想，为什么不试一试看看结果如何呢？

奇迹一个一个在我眼前发生

让我惊奇的是，本来应当持续好几天的疼痛，不出10分钟就消失得无影无踪了。啊！真是种解脱啊！我又能像正常人那样自由地转动脖子了，而且一整天都没有感到任何不适！这个情绪释放疗法真有用啊！

我突然意识到，这种疗法应该不只能治脖子疼，它应该还能帮我改变其他。我跟很多人一样，认为疼痛是不可能瞬间消除的，然而这个小小的经验打破了我的惯性思维，我开始设想从未考虑过的各种可能性。

我们所受的教育告诉我们，无论是解决问题还是改善局面，都需要一些时间，而且前提是有改变的可能。假如疼痛、疾病、成瘾、肥胖、情感关系、财务等问题真的能轻松迅速地解决呢？这些看似不可能的事情如果真的发生了呢？

这是我第一次尝试情绪释放疗法后在心里酝酿的想法。我开始思考，我生活中的其他方面是否也能获得改善，如何才能帮助我关心的人。

起初，情绪释放疗法对于我来说只是一项爱好。我在自己身上反复运用，后来又介绍给亲戚朋友。没过多久，我又开始接待来访者。就这样，我身边的人很快都知道，如果他们把生活中遇到的事情告诉我，无论是身体疼痛还是情绪低落，我都会建议他们采用情绪释放疗法。在我的坚持下，他们都得尝试这种匪夷所思的疗法，一个都逃不过。

随后，奇迹一个又一个地在我眼前发生了。当时，我只关心这个疗法有没有用，至于它如何起作用，其实我并不了解。不过今天，最新的科学和研究已经分析了情绪释放疗法背后的原理，以及为什么它能彻底解决问题。

我刚接触情绪释放疗法时，全球至少有几万人在使用它，并且形成了一个活跃的圈子，成员们一起探索治疗原理，分享治疗经验。不过，很多人对这种疗法存有疑问，所以我觉得有必要把这种疗法介绍给更多的人。

任何问题都能交托给它

尽管我没有任何制作经验，口袋里只有几张刷爆的信用卡和几笔短期贷款，但接下来我还是决定制作一部名为《轻疗愈》的纪录片，以便介绍情绪释放疗法的神奇疗效。我还拉来了妹妹杰茜卡（Jessica）和最好的朋友尼克·波利齐（Nick Polizzi）。我想这部纪录片不仅要有冲击力，还要教会观众如何运用，更要展示它的神奇疗效。

开始的 6 个月，我们去了很多国家，采访了情绪释放疗法的一系列专家、教授、医生、心理学家、精神病学家、个人发展培训师和畅销书作者。他们把对情绪释放疗法的热情和使用后的积极体验全都分享给了我们。虽然我们拍到的内容兼具说服力和教育意义，但仍然不完整，我们还得拍摄普通人对这种疗法的运用，而且不能只讲述他们过往的经历，还要全程展示情绪释放疗法及其疗效。因此，我们计划把 10 位患有各种严重病症的患者集中在一起，开展治疗工作，用以检验情绪释放疗法的疗效。

2007 年秋，为了拍摄一些前期画面，我和尼克·波利齐走进了得克萨斯州（Texas）乔迪·麦克唐纳（Jodi McDonald）的家。乔迪患有纤维肌痛综合征（属于风湿病的一种，该病症原因不明，患者可能有躯体或精神创伤史，其最突出的症状是全身弥漫性疼痛。——译者注），我想拍摄乔迪的症状和这些症状对她造成的影响。此时的乔迪尚未接受敲击治疗。我详细地了解了她的生活，并开始热切地期待：情绪释放疗法将会对她产生怎样的作用？

望着乔迪热情的笑容和明亮的双眼，你一定想不到，她的病痛多么严重，她常常疼得趴在地上，一晚上疼醒 15 ～ 20 次。你也一定猜不到，长年累月的膝关节疼痛让她不得不放弃酷爱多年的远足，更严重的是，她甚至连一小段楼梯都上不去。8 年来，她的纤维性肌炎不断地损耗她的生命，缓慢地侵蚀她的人生。

乔迪是个教师，酷爱写作，同时还是 4 个孩子的母亲。疼痛给她的生活造成了很大影响，医生也告诉她，她的病治不了，可她不服输。她坚信积极心理学和吸引力法则，决心笑对人生。无论怎样，她都拒绝放弃。

数分钟的交谈后，我发现了两件事：第一，年幼时乔迪受过严重的心理创伤，她曾眼睁睁地看着父亲殴打母亲；第二，尽管发生了很多事，乔迪还是决心做一个积极高效的人，她花大量时间去帮助他人。

她尽力让自己高兴起来，她找过所有应该找的医生，也尝试了各种疗法。为了战胜疼痛，她已经做了所能做的一切，然而迟迟未见成效。这到底是怎么回事？情绪释放疗法会有效吗？

乔迪所做的一切打动了我，当时我真想把情绪释放疗法教给她，然而我必须等待。我们已经达成一致，几星期后我们会开展为期 4 天的敲击治疗，那时才能把这种疗法介绍给她。

拍完乔迪这一段，尼克和我去访问其他参加敲击治疗工作坊的人。这些可敬的人正在不顾一切地寻找解决问题的良方，苦苦盼望状况的改善：

唐娜（Donna）患了乳腺癌，身心备受摧残，失眠症更令她虚弱不已；

越战老兵约翰（John）腰疼已经 30 多年，无论是求助医生还是吃止疼药，都收效甚微；

勒内（Rene）的妻子在 3 个月前因车祸离世，这让他痛不欲生，以致身体极度虚弱；

杰基（Jackie）不敢在众人面前讲话，因为胆小，她喜欢的很多事情都没法开展；

……

这 10 位来访者正沉浸在巨大的痛苦当中，他们努力寻求改变，结果却无功而返，试想又有多少人处在同样的境遇当中？此时，对我来说最重要的问题是，情绪释放疗法真的能起作用吗？

我会在这本书其他部分介绍他们的转变，为了能让你先了解一些情况，我先说说乔迪的变化吧。乔迪的疾病被诊断为“不治之症”，谁也帮不上任何忙，然而为期 4 天的治疗刚过了 1 天，她疼痛的毛病就消失了！接下来的几年，再也没有犯过，她生活的方方面面也有了很大的起色。

如果对于这么严重的情况都可以有如此惊人的疗效，那么对于你的情况又会有怎样的疗效呢？你想获得如此惊人的转变吗？

生活中，你是否想做出改变？孩童时期有没有遗留创伤？是否焦虑？身体是否疼痛？是否觉得自己过于肥胖？财务状况是否糟糕？感情关系是否亮了红灯？经过证实，无论哪种情况，情绪释放疗法都可以为你解决。在本书中，我不仅会介绍如何运用情绪释放疗法改变问题背后潜藏的惯性模式，还将深入探讨以上提及的和未提及的问题。

击溃惯性模式，重获身心平衡

无须特异功能我就知道，有些事情肯定是你希望改善却毫无进展的，我也能猜到，总有那么几件事，你一而再再而三地付出努力，却屡战屡败。

你也可能无数次地对自己说：

“唉，我的老毛病怎么又犯了！”

“我为什么又跟他提那件事？”

“我为什么又吃那种东西？”

“我为什么又没锻炼？”

“我为什么又没钱了？”

“我为什么又灰心丧气（生气、失落、崩溃、焦虑、疲惫）？”

上面说得其实挺委婉，对自己你可能不会这么客气，大多数人都免不了要加上一两个脏字儿！

虽然你有这些负面想法和行为，但你正在努力改善，然而，你想要的结果还是不见踪影，于是难过之外又平添了几分懊丧。不了解自己的惯性模式也就罢了，可事实上你了解！只不过你对它们无能为力。实际上，我们现在的惯性模式形成于 7 岁之前，它们来自父母、老师、社会和朋友的影响，这点我们稍后探讨。

之前的问题在于，我们能将这些模式识别出来，却没办法打破它们或实实在在地做一番改变。我们可能会求助于心理医生或精神科医师，一周接一周地谈下去，而效果往往不尽如人意，即使情况很理想，改善也是姗姗来迟；我们可以认真地考虑问题，使情况暂时改善，可过不了几天，甚至过不了几个小时，同样的问题又卷土重来；我们也可以运用意志的力量强迫自己改变，可这通常是个痛苦的过程，无法长久，有时能达到目标，有时又不能。总之，这些方法都无法给予我们一种牢牢掌控生活的感觉。

然而，现在情况不同了。

情绪释放疗法与我知道的任何疗法都大不相同，它的出现是为了改变世界，它正在全球范围内的精神创伤治疗方面大放异彩。不过，在讨论改变世界之前，我们还是先讨论怎样改变你的人生吧。

还记得我们说过的那些模式吗？现在，我们终于有办法去影响、摆脱甚至击溃它们了。情绪释放疗法直击问题的根源，在心理和身体之间取得平衡，同时改变我们所做的事情、我们的感觉，还有我们体验世界的方式。情绪释放疗法可以运用在任何方面，不过，首先我们会把它集中运用在生活的重要方面，也就是那些对你影响最大的方面。然后，你会自然而然地学到如何把它运用到生活的其他方面，以及如何与世人分享。

该是时候改变了

最前面的两章内容至关重要，它们是后面内容的框架和基础。第 1 章讲了情绪释放疗法的起源和历史，以及探索该疗法治疗的最新科学发现。

在第 2 章中，我会分步骤介绍情绪释放疗法的运用，这样你就能知道如何做，并在自己身上体验一番。情绪释放疗法最大的好处就是你能立刻感受到它带来的改变，而根本不用花几个小时学习如何操作，也不用等 1 个月后再看疗效。

学习了情绪释放疗法的基本步骤，并且感受到它的魅力之后，我将带你分析可能阻碍改变发生的原因。在改变的需求背后，往往有一些念头以无意识或半意识的形态存在着，是这些看不见的惯性模式阻挡着理想结果的实现。

在第 3 章，我们将用情绪释放疗法来清除这些惯性模式，以便最大限度地发挥这本书的作用。

第 4 章将讲述如何运用情绪释放疗法迅速缓解生活压力，降低焦虑水平，从而减轻崩溃感。

第 5 章可能是蕴含能量最大的一章。在这一章中，我们将分析幼年时期经历的负面事件与当前处境的关联。我见过疗效最显著的几个案例都从中获益。

接下来的两章更加详细地介绍了情绪释放疗法和我们的身体。第 6 章概括地讲述了压力影响身体的方式，以及我们应当如何使用情绪释放疗法加速疗愈进程。第 7 章集中介绍了如何运用情绪释放疗法解除身体疼痛。

在第 8 章中，我们将重点介绍如何借助情绪释放疗法减除赘肉、重塑形体。我知道很多读者都喜欢读这一章，而且很多人会跳过其余部分直接看这一章，我建议你不要这样做。只有了解了前面章节，你才能更有效地运用情绪释放疗法达到瘦身的目的。

在第 9 章和第 10 章中，我将与大家分享自己从情绪释放疗法中获得的神奇体验，包括找到心爱的人、改变财富观以及随后在财务上的体验。你也能获得同样的体验，而且改善的速度一定会让你吃惊！

第 11 章以一个令人发笑的小故事开头，这一章将告诉你如何面对某些严峻问题，比如内心最深处的恐惧。

在第 12 章中，我将介绍情绪释放疗法更为广泛的用途，比如，如何治疗失眠或加深睡眠、儿童如何使用情绪释放疗法、如何提高体育竞技水平、如何治疗成瘾等。

第 13 章可能是最振奋人心的一章，我将介绍全球的个人和机构所做的情绪释放疗法，它们或者十分出色，或者具有突破性意义。

在最后，我将通过情绪释放疗法为你和你的生活展现一幅新的远景图。

你将在这里找到希望和灵感，它们将激发你奔向梦寐以求的新生活。

整本书中有很多情绪释放疗法的应用介绍，它们将帮你把这一疗法融入生活。我也会重点介绍几位在自己的专业领域运用情绪释放疗法的医生，其中有心理医生和精神科医生，让你一窥传统治疗中运用的情绪释放疗法。

能带你走进情绪释放疗法的新天地，我感到非常荣幸。我通过情绪释放疗法体验到了希望、神奇和灵感，我希望你也能在这本书里找到，这是我内心最殷切的期待。它给我的生活带来了很大转变，而且改变还在继续，每一天都在继续。我相信同样的事情也会发生在你和你爱的人身上。

是时候去改变那些惯性模式了……

是时候去拥有一个健康、精力充沛、充满活力的身体了……

是时候去收获富足、美满和幸福的生活了……

是时候去享有舒适、惬意、积极的情感关系了……

也是时候开始读这本书了！

THE TAPPING SOLUTION

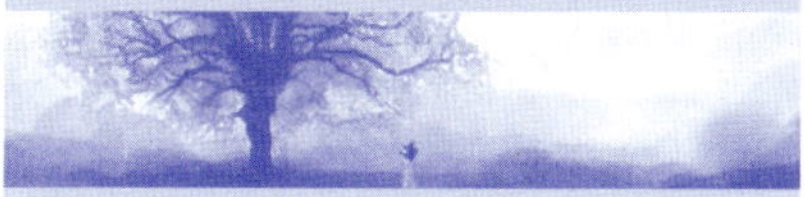

目录

为什么有的人可以平静地一边享受挑战一边毫不费力地完成各种事项，而有些人面对同样挑战却焦虑紧张、无法承受？

第3章

纾解焦虑和压力　47

寻求改变的同时，总有一个抗拒改变的破坏者拖着我们停滞不前，陷入泥沼。当头脑选择向左，心灵却选择向右时，唯有找出幕后导演，我们才能迎来切实的改变。

第4章

抗拒让我们停滞不前　71

无论你是23岁、33岁，还是63岁，在曾经未愈的伤痛面前，你永远只是个孩子。

第5章

哀悼失落的童年　87

没有负面情绪的积压，将来就不会有它们转变成的疾病。

身体能够自愈，疼痛可能缓解，诊断也并非总正确。腾出一点儿时间尝试情绪释放疗法，或许你能从中找到久违的轻松感。

肥胖和减肥，到底哪一个更让人头痛？或许，我们选择吃什么所带来的负面情绪远远比不上我们与食物一起吞掉的那些负面情绪。

你选择走到哪里就将情感包袱背到哪里，还是选择医治、释放，将它们送还到原来的地方？

第9章

营造健康的情感关系 175

没有拍过片子，没有制作团队，倒卖房子欠下100万美元债务……尽管艰难，但他还是选择想办法让全世界知晓情绪释放疗法，最终，这位穷困潦倒的小企业主成了引领百万人踏上幸福征程的疗愈大师。

第10章

释放匮乏，创造丰盛 195

你有哪些恐惧？它们对你的生活造成了哪些影响？因为这些恐惧的存在，你对自己和周遭的世界形成了怎样的看法和信念？

第11章

释放恐惧，回归本心 223

失眠？焦虑？吸烟？孩子？你还想改变什么？找出来，敲下去，奇迹会一个一个在眼前出现！

一次创伤就是一个不断下陷的漩涡。而情绪释放疗法就像一只锚，有了它，心灵之船就不会在漩涡里一直陷下去。

第 1 章

疗愈的 2.0 时代

A MONUMENTAL DISCOVERY

尝尽所有传统疗法，玛丽的恐水症依然如故，束手无策的卡拉汉医生偶然间让她尝试在眼睛下方轻敲几下，陪伴玛丽几十年的恐水症就此一去无影踪。或许卡拉汉医生也万万没想到，自己的偶然一试，竟开创了一个新的疗愈时代。

任何真理都要经历三个阶段：第一，被嘲笑；第二，被激烈反对；第三，被不言自明地接受。

德国哲学家　亚瑟·叔本华（Arthur Schopenhauer）

疗愈的 2.0 时代

罗杰·卡拉汉（Roger Callahan）是一名科班出身的心理医生。他并非第一次遇到这种情况，可这次的情形还是让他沮丧到了极点，因为他简直束手无策。

他有一位来访者名叫玛丽（Mary），从孩童时期起就患有严重的恐水症。已经 40 多岁的她依然恐惧任何形式的水：澡盆里的水、游泳池里的水、海水甚至雨水。她甚至不敢给孩子洗澡，晚上还经常做与水有关的噩梦。为此，她只好向卡拉汉医生求助。

为了治她的病，卡拉汉医生倾尽所能，却没有成功。他已经给玛丽治疗了一年多，而且使用了他掌握的所有传统心理治疗技术：认知疗法、催眠疗法、放松疗法、理性情绪疗法、系统脱敏疗法和生物反馈疗法等。这些治疗方法都是心理医生、精神科医生和公众普遍接受的，然而用在玛丽身上，却丝毫没有效果。

失败也不是第一次，可卡拉汉医生从未如此失望和沮丧过。玛丽虽然能坐在卡拉汉医生家的泳池边将两脚放进泳池里，但内心仍然充满恐惧，卡拉汉医生只好放弃在泳池边的治疗。然而不幸的是，治疗本身带来的压力又引发了玛丽严重的头痛。

卡拉汉医生一直对人体身心功能的运转很有兴趣，在为玛丽治疗期间，他也在学习人体经络穴位。经络是中国古代针灸医学的基础，它是一种能量通道，可以将维持生命活动的关键物质（或者称作“气”）输送到身体的各个器官和系统。经络贯通人体，每一条都与不同的器官相联系，比如胃、胆囊、肾脏等。此外，每条经络都有腧（shù）穴（人体脏腑经络之气输注于体表的部位，是针灸治疗疾病的刺激点与反应点。——译者注），这是经络的开口，位于体表的特定部位，可以通过针刺或指压来沟通和平衡经络内部的能量流动。

在一次治疗中玛丽提到，一想到水她的胃部就会产生不适感。卡拉汉医生忽然灵机一动，他想敲击胃经的腧穴或许能减轻这种感觉。胃经的腧穴在眼睛下方，于是他让玛丽用手指尖敲击这一穴位。

玛丽照着卡拉汉医生的话做了。让他们感到惊奇的是，仅仅敲击了几分钟后，玛丽突然大喊：“没有了！现在想到水，胃部的不适感完全没有了！”她来到游泳池边，慢慢地接近水，她发现她已经不再害怕了。

从那天起，她的恐水症和有关水的噩梦都消失不见了。

这件事发生在30年前，今天的玛丽见到水依然没有恐惧。可以想象，见到这样的结果卡拉汉医生会有多么惊讶。他和玛丽努力了那么久，使用了各种传统心理治疗技术，甚至连替代疗法也没有放过，可只要敲击眼睛下方，问题就如此轻巧地解决了！更重要的是，这种恐惧感再也没有影响玛丽的生活。这究竟是怎么回事呢？

对恐水症患者的偶然一试

有了玛丽的治疗经验，卡拉汉医生随后开始深入研究经络上的腧穴，探索如何将传统心理治疗与情绪释放疗法相结合。他自创了一整套“敲击规则”，不同症状有不同的敲击顺序。

如果你患有恐怖症，例如恐高症，你就得按这个顺序敲：先敲眼睛下方，然后敲腋窝，最后是锁骨。如果你正在生气，比如老板说了让你不高兴的话，你就得用另一种顺序敲：先敲眉毛，然后敲眼睛下方、之后敲腋窝、锁骨。

加里·克雷格（Gary Craig）学习并实践了卡拉汉医生的敲击规则后，认为敲击顺序不如敲击本身重要。为了使这一疗法更易实施，他整合出一套固定的敲击顺序，这就是后来的情绪释放疗法。

按照这一顺序可以敲击到所有主要经络的腧穴，而不用管具体病症是什么。我将在第2章详细介绍这一敲击顺序，不过这里先简单透露一下：从手部开始，然后敲眉毛内侧、眼睛外侧、眼睛下方、鼻子下方、下巴、锁骨、腋下，最后敲头顶。

加里不仅简化和完善了情绪释放疗法，他还创建了一个社区，他逐一记录并分享了人们使用这一疗法后取得的神奇疗效。今天，全球各地成千上万的人已经了解了这一疗法，并把它运用在日常生活中。

卡拉汉医生为玛丽治疗的突破性进展发生在 1979 年，然而，为何玛丽和那么多患者能通过敲击特定穴位摆脱恐惧、焦虑等难题呢？在随后的 30 年间，西方世界对此没有更多解释。不过现在我们已经了解了很多背后的科学。

当你体验负面情绪时，无论是愤怒、苦恼还是恐惧，你的大脑都会亮起红灯。它会使你的身体开启一种战斗或逃跑的反应机制。为了应对外部世界的威胁，这种反应机制会将你身体的潜能激发出来，你的肾上腺素分泌会增加，肌肉紧张度会提高，血压、心率、血糖水平也会升高，这样你才能拥有足够的能量应对挑战，就像我们的祖先被老虎追赶时的情形。

远古时期，外界环境对人身安全构成了很大的威胁，如今它的威胁已经很少能激发我们的战斗或逃跑反应了。今天，大多数战斗或逃跑反应是由身体内部激发的，比如玛丽的恐水症，仅仅想到水，她的身体就会开启应对威胁的反应机制。

对大多数人来说，身体的应激反应是负面记忆激发的结果，这些负面记忆根植于童年创伤或习得性反应。无论是外部激发还是内部激发，身体的应激反应都会呈现同样的现象：肾上腺素分泌增加，心率升高等。

除了如上所说的负面经历或记忆，日常生活中也充斥着各种激发我们战斗或逃跑的事件，比如老板的电子邮件让你很苦恼；午餐吃太多让你害怕长胖；回到家满眼凌乱和各种杂务让你焦虑不安。在所有这些情形中，你的身体都在随时准备战斗或逃跑。

你可能会说："我的身体不会因为这些小事情就准备战斗或逃跑。"然而，事实的确如此！尽管这时分泌的肾上腺素和皮质醇不及老虎追你时多，但二者本质上并无差别。如果几百次、几千次持续不断地战斗或逃跑反应在一周或一个月内累积起来，它们就会对身心造成很大的影响，使得我们疲惫、苦恼、焦虑、紧张。所以，整体来看，我们的生活并不令我们十分满意。

情绪释放疗法的作用就在于它能够非常迅速地中断身体的战斗或逃跑反应，同时重塑大脑和身体的反应模式。现在，我们就来看看这一切是如何发生的。

来自现代科学的强效证明

科学已经证实，人类的应激反应发生在大脑的杏仁核中。这片杏仁状的脑区是大脑边缘系统的一部分，也是中脑的一部分，管理着人类的情感和长时记忆，负面情绪就在这里编码。

杏仁核常被称作身体的警报装置。"噢，麻烦来了。"杏仁核说，"有情况，我们的安全正在受到威胁。"它向大脑发出信号，令大脑通过战斗或逃跑反应动员整个身体。幼时的负面经历会为杏仁核提供编码素材，如果出现类似的情形，杏仁核就会发出警报。

例如，四年级时你在全班同学面前演讲，有人因为你的一个磕巴而嘲笑了你。这时，你的尴尬可能就会导致身体和头脑产生反应，将在众人面前讲话与“危险”一词联系在一起。然而，身体无法区分真实的威胁和感受到的威胁，每当类似的情形发生或仅仅是想象类似的情形发生，杏仁核都会发出警报。

尽管我们不确定其中的机制，但敲击经络的腧穴似乎能关闭杏仁核所发出的警报，使身体镇定下来，让杏仁核认为此时是安全的，从而阻断应激反应。而且，在经历或讨论压力事件的同时敲击腧穴能对抗这种压力，并让海马体（也是大脑边缘系统的一部分，主要负责学习和记忆，日常生活中的短期记忆都储存在海马体中。——译者注）重新编码。海马体会将过去的威胁与当下的信号作比对，然后告知杏仁核当前的信号是否是真实的威胁。

10 年前，哈佛医学院（Harvard Medical School）针对针刺穴位的研究显示，通过功能磁共振成像（fMRI）和正电子发射断层显像（PET）扫描脑组织，能清晰地看到，当穴位受到刺激时，杏仁核的红色警示就消失了。由此，刺激特定的经络穴位能降低杏仁核、海马体和其他与恐惧有关的脑组织活动强度。这样的前沿研究令人振奋！

另一项双盲研究（Double-blind Study，研究对象和研究者都不了解试验分组情况，而是由研究设计者来安排和控制全部试验。——译者注）比较了针刺穴位和指压疗法（无针，与情绪释放疗法相同）的效果，结果发现，两种刺激方式效果不相上下。而更多的非正式研究则显示，在治疗焦虑障碍方面，指压比针刺效果更好。

与肾上腺素一样，皮质醇是应激反应中分泌的压力荷尔蒙，道森·彻奇博士（Dawson Church）研究了战斗或逃跑反应的皮质醇水平。他采用了随机分组加控制组的研究方式。实验中，83 位受试者分成了敲击治疗组、传统的谈话治疗组和不接受任何治疗的控制组。经过 1 小时的治疗后，彻奇博士和他同事对比了受试者的皮质醇水平和心理状况的变化。结果，敲击治疗组的皮质醇水平显著下降，平均下降幅度为 24%，个别受试者高达 50%。与此同时，谈话治疗组和控制组的皮质醇水平没有显著变化，只表现出皮质醇在一天当中随时间流逝而出现的正常下降。此外，在敲击治疗组，皮质醇水平的降低与焦虑、抑郁的缓解，以及整体心理状况的改善直接相关。

彻奇博士还跟我讲述了一段研究背后的故事，这更加凸显了敲击治疗的非同一般。

彻奇博士把样品送到实验室后，心想三五天应该就能拿到皮质醇水平检测结果了，正好能赶上几天后的医学会议，届时，他要在会上作报告，可以把这个研究结果公布出来。

然而，检测结果没有在预想的日期前出来，还拖了好几个星期，彻奇博士无法在会上公布它们，这令他大为不解。彻奇博士找实验室的工作人员询问，才知道检测人员怀疑送检样品或检测过程出了问题，导致检测结果不正常，于是他们反复检测。

为什么他们会有这样的质疑呢？因为与正常情况相比，敲击治疗组的皮质醇水平下降得太多了，这让检测人员难以置信！经过反复检测后，最终他们不得不相信：敲击治疗组的皮质醇水平确实出现了意料之外的显著下降。不过，这一点彻奇博士早就知道了。

通过敲击经络穴位解决心理问题从属于新兴的“能量心理学”，这一方法也被称作“无针针灸”。针灸是一套极为高深的治疗体系，有 5000 年的历史，它的疗效已经被大量研究所证实。而如今支持能量心理学的研究证据也已不计其数了。

实际上，针对能量心理学的研究很符合美国临床心理学协会（Society of Clinical Psychology）设定的“循证法”标准。曾任职于美国约翰斯·霍普金斯医学院（The Johns Hopkins School of Medicine）精神医学系的临床心理学家大卫·范斯坦（David Feinstein）博士也曾说过：“十几个国家的研究都显示，能量心理学对一系列病症的治疗都快速有效，且疗效长久。”

范斯坦博士发表在美国心理学会（The American Psychological Association）重要期刊上的一篇研究综述中提到，纵观已有刺激针灸穴位的研究，在治疗恐怖症和应试焦虑方面，该疗法已经被证实是行之有效的；在治疗创伤后应激障碍、演讲焦虑和抑郁方面，该疗法可能行之有效。现有研究中有 1/4 是在 2008 年后发表的，这说明能量心理学的研究正在蓬勃发展，其适应证名单也在逐年加长。

如今我们至少可以看到几十项研究已经证实，情绪释放疗法对一系列病症都有很好的疗效。你可以在如下网址查询这些研究的详细信息：www.thetappingsolution.com/research。

这些研究清楚地表明，情绪释放疗法能够治疗很多疑难病症，比如创伤后应激障碍、精神创伤、恐怖症等。既然该疗法在这些疑难病症上取得了如此显著的疗效，那么它一定经得起检验。对于更常见的问题，比如改善情感关系、减肥、破除思想障碍和摆脱财务困境，它同样能有效地解决。

熟知的情绪释放疗法获得了学术上的支持，这让我们感到很高兴。不过我们还应该看看同样有力的事实。成千上万的病例记录，有的是患者写的，有的是医生写的，这些都明白无误地记载了情绪释放疗法的治疗效果，而且数量还在不断增多。在本书中，我将与大家一起分享患者和医生运用情绪释放疗法的体验。

你能改变你的大脑

为了弄清楚为什么情绪释放疗法能够成功治疗恐怖症、焦虑症、创伤后应激障碍等病症，我们还是回过头来看看大脑的边缘系统。情绪释放疗法不仅能阻断应激反应，而且还能重塑大脑边缘系统。当你一边刺激穴位，一边想象一段难过的往事或某个苦恼的问题时，大脑的边缘系统就得到了重塑。

重塑边缘系统是暴露疗法的基础，而暴露疗法是卡拉汉医生治疗玛丽时所运用的心理治疗技术。在一段时间内，他让玛丽不断接近游泳池，过些日子再让她把脚放入水中。整个过程就是让玛丽逐渐暴露在恐惧源下。

在暴露疗法中，患者或是被暴露在引发恐惧的真实情境中，或是依靠想象引发边缘系统处于应激场景或事件的反应状态。然而，这种传统的暴露疗法通常见效极慢，看看玛丽的情况就知道了，一年半以后，她在真实情境中仍然感到很焦虑，甚至还引发了严重的头痛。

当你一边敲击穴位，一边回忆童年的痛苦经历时，你就像是在进行改良版的暴露治疗，这里的暴露是指对童年痛苦经历的回忆。通常，情绪释放疗法能很快重塑大脑的边缘系统。其发生机制是怎样的呢？当你想到某些让你感到焦虑或不舒服的事件时，这种想象就会激发你的杏仁核发出警报，使身体产生战斗或逃跑反应。如果同时进行敲击治疗，杏仁核活动就会受到抑制，不过此时，大脑对危险的想象仍然存在。反复多次后，海马体就会得到这样的信息：这件事过去被标记为“危险事件”，可实际上标错了。

指点迷津

为什么关注负面经历？

人们第一次听我介绍情绪释放疗法时，常会问：为什么要在敲击的时候想糟糕的事情？我不愿意想糟糕的事情！有句话不是说“想什么来什么”吗？

我知道大家为什么这么问，不过，这些所谓的糟糕的事情是事实，无论你想与不想，它都在那里。就像你丢在抽屉里的一摞账单，尽管你不想看到它们，但它们总在那里，你终究还要付账。我们尚未处理好的情绪、信念和心理创伤也一样在控制着我们的生活。我们需要找到它们，看着它们，承认它们就在那里，然后对它们做些处理。我们这么做就是为了解决它们。

当然我们也不能无休止地关注，只需关注一小段时间即可。敲击治疗的目的就是关注这些负面事件，然后对它们进行处理，再开始关注积极正面的事情。

经过治疗后，杏仁核就不会再针对这类事情报警了，海马体也会把它归为普通事件，你也不会再陷入应激反应的泥潭了。之所以会这样，是因为海马体是大脑边缘系统中控制情境关联的部分，此时，它已经把过去的负面经历标记为“没什么大不了”了。于是，当你下次想到或遇到这类事时，杏仁核就不会再报警了。

我常听来访者说，用情绪释放疗法处理过某一特定事件后，他们“对那件事已经记不太清了”。事实上，他们仍然记得那件事，只是与其相连的强烈情绪消失了。因为大脑边缘系统已经重塑了记忆，所以，那件事情在记忆中变得更为中性，也更为积极了。

科学家们推测，这种对边缘系统的重塑永远改变了大脑的神经通路，杏仁核中与特定情形相关联的恐惧通路也已被移除。近期的科学研究也发现大脑神经具有可塑性，大脑的神经通路并非是永久的，而是可以改变的，上述推测刚好与此一致。由此可见，你可以发展出思考和感知世界的新路径，而不必拘泥于固有看法。换句话说，你也可以像玛丽一样，摆脱导致你身心不适的恐惧、想法或记忆。

通过情绪释放疗法，痛苦的记忆连同你对它的关注都能得到改变。我曾用情绪释放疗法为来访者处理负面的童年经历，后来听他说：“现在，一想到我的家人，我就能看到他们在微笑，我也记起了与他们共度的所有幸福时光。”我改变了他的过去或他的记忆了吗？当然没有，但我确实清除了他的心理创伤，以及创伤后对负面经历的持续关注。当负面经历被处理好后，正面经历就会浮出水面，因为它们一直都存在。

情绪释放疗法能改善大脑的神经通路，优化你的生理机能。如果这些不足以激发你去学习它，那就想想经常性的应激反应对健康造成的负面影响吧。如果不用情绪释放疗法或其他办法来清除应激反应，那么这些烦人的记忆、事件、想法所唤醒的情绪就会不断地激发身体的应激反应，有时可能一天当中发生很多次。大量的研究已经表明，这样的压力会对身体造成伤害。

“压力是最重要的非遗传影响之一。”道森·彻奇博士说，“目前已经知道，与压力有关的心理创伤影响着一千多种基因，其中许多关系着衰老和细胞再生过程。”

第 6 章介绍了如何使用情绪释放疗法治疗躯体疾病。在这一章，我们将详细探讨压力如何影响身体，以及敲击为何能减轻压力、加快疗愈进程。

做自己的疗愈专家

在东方，主要是中国，针灸已经应用了几千年，人们用它来治疗疾病，消除疼痛。实际上，针灸已经被用来在无麻醉的情况下进行非侵入性的外科手术！最新的研究显示，针灸和指压疗法能提高身体的内啡肽水平，而内啡肽是一种我们熟知的能让我们“感觉舒适”的神经递质。

大多数人只要进行最基本的敲击就能获得良好的感受，即便他们并没有同时关注某一事件，这很可能是因为敲击提高了身体的内啡肽水平。事实上，你可以在任何时候敲击任何能让你感觉良好的穴位。

通常，敲击过后你会觉得内心更加平静、更加满足。锁骨是大多数人都喜欢敲击的穴位，用大拇指敲几下你就会感到放松，同时精神也变得更好。

情绪释放疗法正处在东方指压、针灸疗法和西方心理学以及其他身心科学的交会处。读完这本书后，你也会认为，交会处正是诞生神奇的地方！

虽然情绪释放疗法已经获得了科学的支持，但我喜欢它最重要的原因是，它很安全，而且容易运用。实际上，情绪释放疗法的许多非常成功的治疗师并没有正规学习心理学或医学，他们只是接受了情绪释放疗法的训练。当然，每种训练都有它的好处，如果一名医生能够把自己对人体的了解带入到情绪释放疗法当中，那么他就会具有别人所不具备的优势或眼光。不过，正如我的朋友同时也是情绪释放专家的帕特里夏·卡林顿博士所说："情绪释放疗法是真正属于大众的治疗方法。"

加里·克雷格是情绪释放疗法的创始人，他也是斯坦福大学（Stanford University）的工程师，对于理解人们所面对的困难，他有一种天赋。他能把从卡拉汉医生那里学来的情绪释放疗法运用得很好，并在其基础上提高。

我的兴趣主要是帮助他人，同时传播和普及情绪释放疗法。所以，我写这本书的目的是希望你能通过它有所改变，并获得自己想要的结果。你可能还想联系情绪释放疗法的专业治疗师，去寻求特殊的帮助或建议，书中会介绍一些成功的治疗师。不过，只要把这本书中的理念付诸实践，我相信凭自己的力量你就能获得难以置信的结果。

现在，你已经见到了很多证据，它们都可以证明情绪释放疗法确实有效，我敢肯定你一定已经迫不及待要体验一番了！

专家简介

大卫·范斯坦博士：从惊讶到毕生推广

说起替代疗法，大卫·范斯坦博士可谓见多识广。1970年，范斯坦博士赴约翰斯·霍普金斯医学院精神病学系任职，系主任把他叫到办公室，交给他一个有趣并且改变了他一生的任务。“我总是不断地听到这些来自西海岸新疗法的消息。”系主任对大卫说，“这些疗法是噱头吗？还是值得了解一番的新进展？去研究一下。”

当时，各种名目的新疗法不断涌现，超过了 200 种。范斯坦博士在随后的 7 个月中研究了其中的 46 种。在这当中，他会研究它们的文字资料，密集采访它们的践行者，甚至加入周末的工作坊或亲身体验。这些疗法包括沟通分析疗法（Transactional Analysis）、生物能疗法（Bioenergetics）、完形疗法（Gestalt）、呼吸重生疗法（Breathwork）、敏感训练疗法（Sensitivity Training）、罗夫按摩疗法（Rolfing）、再评价咨询疗法（Reevaluation Counseling）、致幻剂辅助心理疗法（LSD-Assisted Psychotherapy）和裸体会心团体疗法（Nude Encounter Group）等。

对于范斯坦博士所探寻的大部分疗法来说，参与者起初的感觉似乎还不错，但之后他们又回到了从前的老样子，他们的生活并没有任何实质改善。

所幸的是，范斯坦博士的探寻工作仍然在持续进行，他想找到一种确实能让参与者生活得到改善的疗法。最后，他碰巧遇到了情绪释放疗法。

当时，范斯坦博士参加了一个关于情绪释放疗法的培训课程，一起学习的还有多位心理学专业从业者。时至今日，他仍会惊喜地谈论曾经的经历：

一位女性受试者患有严重的幽闭恐怖症，多年未愈。治疗师让她敲击身体的一系列部位，同时想象自己所经历过的恐怖事件，包括身处幽闭空间时的情景。让我感到惊奇的是，她很快就报告说，她所想象的情景已经不那么可怕了。不到20分钟，她的幽闭恐怖症似乎就消失了。

受试者报告的改善已足够让人吃惊了，接下来她被要求进入靠近门的一处窄小空间，并且尽可能地待在里面，感到不舒服时再出来。谁知道，她一直待在里面，直到最后我们不得不把她叫出来。她出来时表现得非常欣喜。她很惊讶自己居然在从前让她恐慌的空间里待了半个小时。

“我从没有见过如此快速有效的疗法。”范斯坦博士对我说，“那速度真的太快了！”

在这之前，范斯坦博士一直致力于传统的西方医学，现在，他看到了情绪释放疗法的威力，并且开始讲授这方面的课程。课程开始时，他往往都会讲一段话：

"今天我站在这里，感觉非常惊讶，即使是最疑难的病症，我们也可能用一种机械、简单的方式来达到难以理解的快速治愈。在这当中，我们甚至不需要稳定可靠的治疗关系、不需要深刻的洞察力、不需要多么投入。确实，在身上敲敲打打看上去很奇怪，但它的确有作用！"

见识到情绪释放疗法的神奇之处后，范斯坦博士作了进一步的研究。他不知疲倦地记录病例，对这一强大的疗法进行验证。他已经在能量医学方面撰写了 80 多篇专业文章和 8 本专著，也先后任职于约翰斯·霍普金斯医学院、安提亚克学院（Antioch College）和加利福尼亚职业心理学校（The California School of Professional Psychology）的临床心理学家。

很高兴，我能在不同场合采访到范斯坦博士，有趣的是，即使到了今天，他仍然会为情绪释放疗法能快速见效感到惊讶。看来他那接受传统医学训练的思维还没有完全适应这种快速、有效且易于运用的疗法，不过这也不能怪他，我这种没有医学训练背景、只受了替代疗法训练的脑袋也表示难以理解！

第 2 章

不可思议的体验

QUICK START: EXPERIENCE TAPPING NOW

如果心理创伤可以在 30 秒内发生，那么为什么治疗不可以在 1 天、1 小时，甚至 1 分钟内实现？

如果心理创伤可以在30秒内发生，那么为什么治疗不可以在1天、1小时，甚至1分钟内实现？

美国情绪释放疗法专家　里克·威尔克斯（Rick Wilkes）

不可思议的体验

杰基是加拿大一位出色的地产代理人，以前她非常害怕在公众场合讲话。虽说这样的人不在少数，可是她连区区几人的场合都恐惧不已，即便是跟她认识并且信任的同事开电话会议，她也会感到紧张焦虑。

这一点显然会殃及她的工作，妨碍她拓展业务，最重要的是还会影响她对生命的体验。可以想象，一刻不停地担心说错话是一种怎样的负担？因为对他人的评判无休止地恐惧，即使聪明如杰基，也只能在缄默中窒息自己的灵感。

后来杰基接受了敲击治疗，专注清理孩童时期遗留的负面想法，比如不敢表达、认为无人倾听自己的心声、不敢大声讲话等。她曾经目睹父亲责打弟弟们，而自己却没能保护他们，这件事情她记忆尤为深刻，并始终耿耿于怀。

正是这些性格形成时期的负面体验塑造了她的身心，导致她在与别人沟通时充满了负面想法。当她一边沉浸在这些负面经历当中一边进行敲击治疗时，她的大脑和身体的反应模式就得到了重塑，恐惧也随之散去。

从那时起，杰基的业务有了显著的起色。更重要的是，她终于能轻松自如地与他人交往了。

曼迪（Mandy）是一位单身母亲，她浑身上下总是会时不时地疼痛。各科医生都看过，还是找不到任何器质上的病因。医生告诉她都是“心理”在作怪，曼迪对医生的判断半信半疑。让她烦恼不已的是，医生唯一的解决办法就是让她长期吃止疼药，这给她的生活造成了很多不便。然而仅仅敲击了几分钟，她下巴处的疼痛就从 8 分降到了 5 分（最高 10 分）。

“你疼痛背后的情绪是什么？”我问她。

“愤怒。”她马上回答，而且这种愤怒与工作不顺心有关。接下来，经过几分钟的讨论和对愤怒的敲击，她下巴处的疼痛完全消失了。这个结果令她大为吃惊。

从器质性角度看，她的下巴很可能什么问题都没有。疼痛不过是身体在表达愤怒（从微观上讲这种疼痛可能是因为长期紧张导致局部供血不足，而情绪释放疗法正好缓解了这种紧张）。现在曼迪明白了，如果再感觉身体疼痛，她就要问“我的身体想对我说些什么”，而不是“我的身体出了什么问题”，而且她知道可以用情绪释放疗法清除身体表达的情绪以及疼痛。

45 岁的洛丽（Lori）感觉自己孤苦伶仃，她刚刚经历了痛苦的婚变，又接连约会失败，于是心灰意冷。她不仅怀疑自己吸引理想异性的能力，而且还把自己封闭起来，免得再受伤害。在她看来感情就意味着痛苦，而最安全的做法就是连试都不试。

我们一边敲击，一边检视了她离婚的经历，以及她对自己、对异性所抱有的看法。最关键的在于，我们把她有关感情的包袱全部清除了。渐渐地，洛丽重新向爱情敞开了心扉，并对未来的感情作了具体设想。

简便易行，却实实在在

以上仅仅是情绪释放疗法万千奇迹中的几个案例。说到这里，想必你一定非常好奇，迫切地想要体验情绪释放疗法即将带给你的重大影响。

探索情绪释放疗法 10 年来，我发现它最大的好处就是简便易行。谁都可以轻松掌握，也容易付诸实施，并取得效果。

我们都太忙了，没有时间去学一套复杂的程序，也弄不清楚学到什么程度才能见到效果。遗憾的是，大部分自助和自我发展的方法都太注重概念和观点。也许有些人喜欢了解和探讨不同的概念，但我们真正寻找的是实实在在的改变。

我们希望实实在在地减轻体重、治疗病痛、增加收入、改善关系。凡此种种，情绪释放疗法都可以一展身手，而且不止于此。

我已经说过，情绪释放疗法简便易行。我在后面会详细地讲述它的 8 个简单步骤，这里先列出来：

1. 找到你的“压力王事件”(Most Pressing Issue，MPI)，同时想几个词作为提示语；

2. 用主观焦虑评分（SUDS）为你的“压力王事件”打分；

3. 认真拟定一份问题描述语，把“压力王事件”填进空白处：尽管______，我还是全然地接纳我自己；

4. 用一只手的四根手指敲击另一只手的手刀点（见图 2-1 所示），同时将问题描述语重复 3 遍；

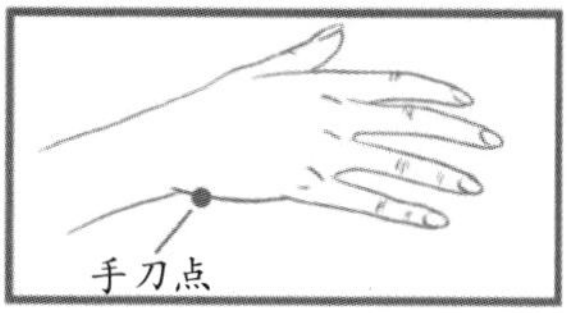

图 2-1　手刀点

5. 依次敲击身体的 8 个部位，同时大声说出“压力王事件”的提示语。每个部位敲击 5 ～ 7 次；

6. 将 8 个部位敲击一番后，做个深呼吸；

7. 再次用主观焦虑评分为你的“压力王事件”打分，检查效果；

8. 重复以上步骤，或寻找其他“压力王事件”再次进行治疗。

到此为止，你已经对情绪释放疗法有了大致的了解。现在你只需问自己一个问题：你想立刻获得实实在在的改变吗？如果想，就请继续读下去！

你在烦恼什么？找到你的“压力王事件”

开始情绪释放治疗的最简单方式，就是集中精力去想你的“压力王事件”。我们都有当前主导我们情绪和心理的问题或挑战。如果我问你现在最让你苦恼、最让你头疼、最让你放心不下的事情是什么，你会怎样回答呢？

常见的“压力王事件”包括：

工作，我的老板快把我逼疯了；

孩子，这个小东西让我头疼好多天了；

丈夫，昨晚我们打了一架，我真是难过死了。

现在就停下来考虑一下怎样回答下面这些问题：现在最让我苦恼的事情是什么？生活中最有压力的事情是什么？

很多人觉得把“压力王事件”写下来会更好。不过，你也完全可以在头脑里想象它。

如果你一下想起好几件事情，从中挑一件就可以了。在这里，没有对错之分，跟着你的直觉走就行。在敲击治疗的过程中，我会反复提到运用你的直觉。

锁定了“压力王事件”后，你还需要把它描述得具体一些。也许你想的是“我受不了我的丈夫”，可这太笼统了，你要想想具体的细节，比如，你可以这样说：“我受不了我的丈夫，他昨晚说的那些话特别难听。”

指点迷津

描述“压力王事件”一定要具体

我经常听到学习情绪释放疗法的人说他们“不知该说些什么”。在本书的各个部分，我都会为你提供可以加以运用的描述示例。不过你所面对的生活情境是独一无二的，我无法猜测你所面对的事情具体是什么。我会列出一些常见的事项，然后你要运用自己的语言描述你独特的经历。相信你的直觉，只要你遵循书中的步骤，情绪释放疗法几乎不可能运用错误。

关键问题是，你要把事情描述得具体再具体。对泛泛而谈的事情作敲击治疗能改善你的情绪，让你感觉更好些，但只有把细节加上去才能更有效，尤其是事情的重要元素，比如什么时候发生，都有谁参与进来，你当时的感受怎样等。这样才能让特定事件的焦点更加明确，你才能更有效地重塑大脑的反应模式。

如果在描述中你卡在了某个细节上，那么就把注意力放在你的感觉上，或者想象当时的场景，然后再去描述。尽量想办法清晰地回忆当时的情景和感觉，这样才能有好的效果。在这里举两个例子加以说明。

放之四海皆可使用的描述：我肩膀疼。

稍具体些的描述：当我举起胳膊时，我的左肩膀会疼。

更具体的描述：当我举起胳膊时，左肩膀会有种火烧一样的刺痛。

再举一个有关情感的例子。

泛泛而谈的描述：我很生气。

稍具体些的描述：我很生气，因为老板责备了我。

更具体的描述：我很生气，心里堵得慌，因为老板说我不好好工作。

你可以用许多不同的方式让描述变得更具体。有时候，不断地问自己更深入的问题会有助于找到具体感受。比如：

“我恨他。”

为什么？

“因为他很蠢。”

他做了什么？

“因为他不回电话。”

我有什么样的感觉？

“生气。”

有多生气？

“非常生气！”

如果生气的极点是 10 分，我现在有几分？

“7 分！”

我的愤怒在身体里是什么感觉？

“憋在心里，快要炸了！”

现在，你对愤怒的对象、程度、感受等就有了更具体的描述了。描述要尽可能地具体，越具体越好，永远都是这样。

用主观焦虑评分给“压力王事件”评级

你已经知道了自己的“压力王事件”。现在你需要从 0 ～ 10 分给它打一个分，这一方法叫作主观焦虑评分（Subjective Units of Distress Scale，简称 SUDS）。

想想你的“压力王事件”，体会身体由此产生的感受。它带给你的苦恼能达到哪一个级别？ 10 分是你所能想到的最苦恼的感觉，0 分是一点不好的感觉都没有。不要担心你做出的评分不准确或不正确，只要听从你的直觉就行了。

想想你对丈夫的愤怒，如果你确实非常生气，你可能会评 8 ～ 9 分；如果第二天你已经冷静了一些，但仍然很愤怒，这时候可能是 5 分。想获得明显的改善，就从 5 分以上的事情开始吧。

拟定问题描述语

现在已经知道了你的“压力王事件”的主观焦虑评分，下一步就是准备一份问题描述语，它会把你的“压力王事件”的能量引导出来。当你准备好后，就可以开始敲击了。

问题描述语基本上是这样的：

尽管______（把你的“压力王事件”填进去），但我还是全然地接纳我自己。

你可能会这样说：“尽管我恨我老公，因为他昨晚说的话很难听，但我还是全然地接纳我自己。”

或者这样说：“尽管我的腰很疼，但我还是全然地接纳我自己。”

或者还可能这样说：“尽管任务截止日期即将到来，这让我抓狂不已，但我还是全然地接纳我自己。”

现在，为你目前的“压力王事件”准备一份问题描述语吧，不用担心语言不优美。不管你的“压力王事件”是什么，只要填空就可以了。

当你准备好问题描述语后，就可以开始敲击了。首先，把问题描述语说 3 遍，同时用一只手的 4 根手指不停地敲打另一只手的手刀点。随便你用哪只手，舒服就好。凭感觉控制敲击的节奏和力量，按照我说的去做吧，你不会做错的！

把问题描述语说 3 遍后，就可以按照情绪释放疗法的顺序依次敲击 8 个穴位，一边敲，一边大声地说提示语！

指点迷津

接纳不完美的自己

有些人在说“接纳自己”的时候会感到不舒服，因为情绪释放疗法要求把注意力集中在“负面事件”上，而这些事件似乎太严重、太重要、太难以忍受，以至于让他们无法接纳自己。

如果你发现自己真的无法把问题描述语讲出来（这种情况很少见，不过确实存在），问题也不大。你可以跳过这一步，仅仅敲击就好，稍后再尝试。不过问题描述语非常重要，尽管有时候讲出来有些困难。

当接受我们本来的样子时，我们不是在“解决”问题，也不是在“固化”问题，我们是在向我们自己、我们的感受、我们的境遇和过往表达同情和爱。

自我接纳常常能加快问题的解决。有句老话这样说：“越是对抗，越难摆脱。”很多时候，我们接纳自己的那一刻，也正是奇迹发生的那一刻。

你可能跟我一样，起初会觉得情绪释放疗法有点奇怪。这个时候，你得花点工夫来记忆敲击的穴位并理解整个过程，如果需要，你还可以复习几遍，总之要花点时间把最基本的步骤了解透彻。现在你所花费的精力都是有意义的，掌握了基本的要领之后，别的学起来就快了。

选择“提示语”

提示语要短，简单几个字就好，能让你想起“压力王事件”就行。在敲击治疗的过程中，每敲击一个穴位，你都要大声说出提示语。例如，如果你的“压力王事件”与你对丈夫的愤怒有关，你就可以一边按顺序敲击穴位，一边说："生气……生气……生气……"

针对其他事件，你的提示语可能是："吓死我了""难过""郁闷""腰疼""头疼"……

敲击每一个穴位时，你都要反复大声地说出提示语。提示语的作用之一是帮你把注意力集中在"压力王事件"上，另一作用是帮你更真实地体验"压力王事件"带给你的感受。

当适应敲击治疗后，你可以在转换穴位的同时说不同的提示语，例如你可以说："生气……气死了……我快炸了……真是气死我了。"在这本书中，我会给出很多像这样的升级版提示语示例，不过刚开始还是简单些好，当你敲击各个穴位时，说同样的提示语就可以了。

敲击的顺序

有了提示语之后，你就可以按照情绪释放疗法的顺序开始敲击了，如下：

1. 眉毛内侧
2. 眼睛外侧
3. 眼睛下方
4. 鼻子下方
5. 下巴
6. 锁骨
7. 腋下
8. 头顶

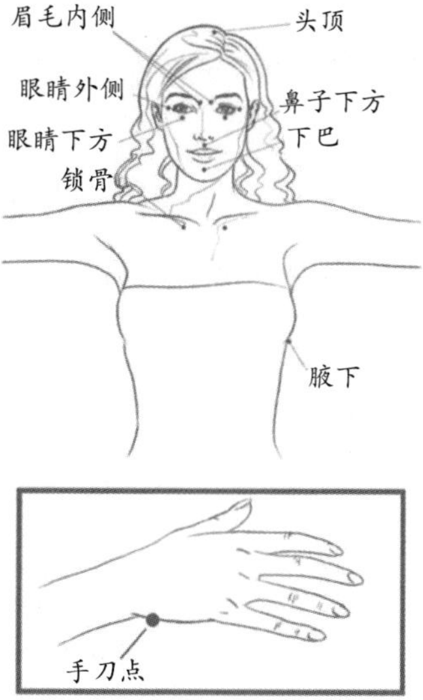

图 2-2　穴位图

同一条经络在身体两侧并行，这意味着你可以用任意一只手敲击身体任意一侧的穴位，跟着直觉走就行。如果喜欢，你还可以同时敲击身体两侧的穴位，不过没必要这样做，因为不管敲哪边，你敲的都是同一条经络。

按顺序每处敲击 5 ~ 7 次，不过数目并不固定，如果你想在某一处敲击 20 ~ 100 次，那就敲吧。我这样提醒你，只是为了说明要在每一处花足够多的时间，这样你才有时间说提示语，才能有更好的效果。

现在，准备好试一试了吗？首先把问题描述语说 3 遍，同时敲打手刀点。然后一边说提示语，一边按顺序敲击以下 8 个穴位：眉毛内侧，眼睛外侧，眼睛下方，鼻子下方，下巴，锁骨，腋下，最后是头顶。第一次不要追求完美，你只需要尽力去做，认真去感受就可以了！

坚持下去，直到感觉显著好转为止

现在你已经完成了第一轮的敲击治疗！来个深呼吸，仔细感觉你的身体，注意发生了什么变化。问问自己，那件事情改变了吗？敲击的时候我想起什么了呢？现在从 0 ~ 10 分的主观焦虑评分应该打几分呢？

回忆一下你丈夫昨晚说的那些话，体会自己现在的感受。你可能会发现，原来翻腾的怒火现在已经平静多了。你还可以说同样的提示语再敲击几轮，让怒火彻底平息。

你或许会发现，当你针对丈夫昨晚说的话敲击时，还想起了 3 个星期前让你更加生气的事。这很好！我不是说你对丈夫生气是好事，而是说你抓住了生活的本真。这时，你可以把关注点从昨晚的愤怒转移到 3 个星期前的愤怒上，并针对后者敲击治疗。我们用这种“剥洋葱”的方式，一层一层地剥下去，最终就能解决问题，找到自由、希望和理解。

坚持下去，直到你对“压力王事件”的感觉显著好转为止。这意味着主观焦虑评分降到了 2 ~ 3 分或者干脆降到了 0 分，也意味着你能够控制整个事件了。你敲击的时间应足够长，这样才能缓解症状，无论是身体的症状还是心理的症状。坚持下去，做 5 轮，做 10 轮，专心地、投入地做，去获得你想要的解脱。当你成功地把“压力王事件”清除后，你就可以继续寻找想获得改善的其他事情进行敲击治疗了。

指点迷津

情绪释放疗法速查指南

这里再次列出情绪释放疗法的 8 个步骤，你可以给这一页加个书签，这样，你读后面章节的时候就可以随时回来查阅了。不过话虽这样讲，大部分读者还是掌握得比较快，所以你可能不用查阅太多次！

1. 找到你的“压力王事件”，同时想几个词作为提示语；

2. 用主观焦虑评分为你的“压力王事件”打分；

3. 认真拟定一份问题描述语，把“压力王事件”填进空白处：尽管______，我还是全然地接纳我自己；

4. 用一只手的四根手指敲击另一只手的手刀点，同时将问题描述语重复 3 遍；

5. 依次敲击身体的 8 个部位，同时大声说出“压力王事件”的提示语。每个部位敲击 5 ～ 7 次；

6. 将 8 个部位敲击一番后，做个深呼吸；

7. 再次用主观焦虑评分为你的“压力王事件”打分，检查效果；

8. 重复以上步骤，或寻找其他“压力王事件”再次进行治疗。

4 种常见的敲击对象

在前面，我们敲击的对象是愤怒的情绪。本书中，我们会提及从情绪释放疗法中获益的很多事件，如肥胖、情感关系、财务等。无论具体事件是什么，它都是我们敲击的“对象”。

在敲击过程中，敲击对象的不同层面会逐步展现出来。通常情况是，你开始敲击某个对象，后来却发现更深层的东西。例如，朋友的议论让你很生气，当你针对这一愤怒情绪进行治疗并将它清除后，接下来却进入了另一个不同的层面，比如忧伤，可能将忧伤清除后你又会发现，实际上你是在埋怨自己：当她粗鲁地对待我时，为什么不站起来跟她理论？就这样层层深入进去，直到问题完全解决。

这样一层层地治疗起初可能有些枯燥，但现实情况是，情感的、躯体的、精神的经历往往有多个层面，只有把事情的每一个层面都找到，我们才有可能彻底清除它。

刚开始敲击治疗时，选择什么作为敲击对象呢？最常见的 4 种敲击对象是症状 / 表现、情绪、事件和束缚性信念。在接下来的几节里，我们会一个个地讨论。

为了帮你找到敲击对象，我想给你看一幅很有创意的示意图。它是我的朋友情绪释放疗法专家林赛·肯尼（Lindsay Kenny）画的“敲击树”。这幅图展现了不同种类的敲击对象。

在这张图中，树根代表束缚我们的信念，也就是我们关于自己和世界什么是对什么是错的看法。树干代表过往事件，这些事件常常给我们留下心理创伤，并且今天仍然影响着我们。树枝代表伴随事件而

识别你的敲击对象

症状 / 表现（树叶）：

成瘾、创伤后应激障碍、高血压、心脏病、肥胖、哮喘、自我阻碍、躯体疼痛、拖延症等。

情绪（树枝）：

羞愧、内疚、懊悔、拒斥、愤怒、怨恨、悲伤、抑郁、无力感、恐惧、焦虑、紧张等。

事件（树干）：

缺乏父母照顾、成长中受人欺负、遭遗弃、受虐待、过度管束、体罚、家庭不和、感受不到支持和关爱、父母酗酒等。

束缚性信念（树根）：

“我什么都做不好”“我过得不好”“我不可爱”“我不如别人”“我不重要”“我不好”等。

来的情绪，比如愤怒、悲伤、沮丧和绝望。最后，树叶代表外部的症状和表现，它们给我们的生活带来压力和紧张。

在本书其余部分，我们会不断地提及敲击树上的各个部分，如针对症状，情绪，创伤性事件，或者针对事件背后的信念。大多“压力王事件”都具有多个层次，比如，你的身体可能疼痛，情绪又非常不好，而此两者又同时源自童年时的某个事件。你可能会发现，针对敲击树的某一部分治疗时，树的其余部分也会得到治疗。例如，针对代表束缚性信念的树根进行敲击治疗后，代表症状和表现的树叶也会得到治疗。

症状／表现

敲击对象的症状和表现可能是成瘾、肥胖、躯体疼痛、自我阻碍、财务问题和心脏疾病等，这些非常容易察觉，而且往往给生活带来很大不便，因为它们是真实存在的。这些症状表面看是比较纯粹的问题，而它们往往是更深层事件的表现。随着时间的流逝，你会察觉出深层问题，并把它作为敲击治疗的对象。

有时直接治疗明显的症状和表现会更容易些，而且效果会更好。例如，我的朋友阿丽尔（Ariel）来找我说她偏头痛很厉害，试了各种办法都不管用。我们花了不到 30 分钟进行敲击治疗，并且只是纯粹地针对偏头痛。

我们所使用的问题描述语是：尽管我头痛，但我还是全然地接纳我自己。接下来，我们一边按顺序敲击穴位，一边念提示语：“头疼……头疼死了。”我们没有关注潜藏于症状深处的情绪或者束缚性信念，这就是“症状敲击”，结果头痛就治好了！不过，如果针对症状敲击不能治好头痛，你就得从敲击树的树叶部分深入下去，找到更深层的敲击对象进行治疗，直到获得满意的效果为止。

情　绪

如果仅仅针对头痛敲击不能令阿丽尔的症状得到缓解，那么下一步我就会问她：“你头痛背后的情绪是什么？”她很可能会回答“生气”“伤心”或者“难过”。接下来，我们就会针对这些情绪敲击，直到它们被清除干净。

有时单一症状的背后隐藏着多种情绪。

当我们把洋葱皮一层层地剥去时，不同的敲击对象可能就会显露出来，比如开始时的愤怒常常转化为深一层的悲哀，而悲哀又时常转化为更深一层的巨大悲痛。通常情况下，我们都是可以直接从情绪开始敲击的，而当最主要的障碍是情绪问题时，我们更应当这样做。如果你感到非常愤怒，那么就针对愤怒进行治疗；如果你感到无助，那么就针对无助开始敲击。

指点迷津

时常萦绕身心的情绪

有时我们很容易堵在非常熟悉的情绪上。例如，很多人仅仅针对愤怒和悲伤进行治疗。如果能了解更多情绪，你就能更有针对性地进行敲击治疗了。以下列出的是一些我们时常会体验到的情绪，你可以运用这个情绪列表来更好地识别当下的情绪状态。

疏离	矛盾	愤怒	焦虑	辛酸	无聊	轻蔑
抑郁	惊恐	敌对	耻辱	饥饿	抓狂	不安
绝望	恶心	悲伤	怀疑	恐惧	尴尬	嫉妒
害怕	厌恶	孤独	无奈	遗憾	大怒	后悔
沮丧	暴怒	难过	不满	内疚	憎恨	思乡
希望	悔恨	怨恨	羞愧	痛苦	担心	无助

事　件

另一类常见的敲击对象是过往事件。

我们将在第 5 章中讲到，过往事件可以分为两种：一种是发生之后就过去了的事件，另一种是一直伴随并影响我们的事件。这两种事件的区别在于我们是否已经在情感上、精神上或躯体上把它们处理完毕了。

一个人可能会想起她在高中时发生的事情，比如痛苦分手的经历。她说："嗯，那是一次痛苦的经历，但是一切都已经过去了，它已经不再困扰我了。"她还记得过去的经历，但已经感受不到任何情绪了。

另一个人可能也会想起高中分手的经历，但她的体验就不一样。她想到那件事的时候，心里就会涌起一股强烈的哀伤，对失去的爱情，她的内心充满了遗憾。这就是还没有处理完毕的过往事件。这时，针对这一事件进行情绪释放治疗能帮助她摆脱那次分手的痛苦，从而继续现在的生活。

束缚性信念

束缚性信念是对自我和世界的错误观念，这是我们根据一系列过往事件或经历总结出来的不正确结论。例如，有人可能会因为一次失败的经历就认定他没有能力做好某件事情，他会设想，如果再做同样的事，结果肯定又会失败。如此一来，这一信念就会限制他对未来的期待。

就像敲击树中显示的那样，束缚性信念是我们生活的根基。有时我们很难意识到这些束缚性信念的存在，我们觉得它们就是“事实”本身。例如，我们可能认为自己根本不可能瘦下来，因为父母就没有瘦过；我们可能会认为自己永远不可能富有，因为富有的人不信神。任何观念只要向可能性关闭了大门，就成了束缚性信念。

常见的束缚性信念有：

我什么都做不好。

我心里很不踏实。

我不可爱。

我不如别人。

我不重要。

我不够好。

这些信念通常在孩童时期树立起来，它们来自父母、老师或早年玩伴，进而给我们未来生活罩上阴影。“我什么都做不好”的信念会对我们做的所有事情产生深刻影响，它会改变我们说话的方式、做事的方式、追求的目标等。

通常情况下，针对过往事件进行敲击治疗能消除束缚性信念，不过，如果知道这些束缚性信念是什么，我们就能针对这些信念本身进行治疗。

指尖敲出丰盛

创建你自己的敲击树

敲击树是描述我们日常生活非常好的视觉图示，它也是很好的工具，能够帮助我们系统性地解决各种问题。通过它，我们能更清晰地看到症状和表现、情绪、过往事件和束缚性信念之间的联系，就像树叶、树枝、树干和树根的关系一样。用相互关联的眼光看待它们，对我们有效运用情绪释放疗法具有重要作用。就像我已经说过并且会一再提及一样，情绪释放疗法的关键在于具体，这样才能真正了解自己当前的状况，而要做到具体和有效，你就得向更深处挖掘。

所以，花一些时间画出你自己的敲击树吧。不用画得太好看，但要多留些写字的地方，因为大多数人都有很多东西要写上去。

树叶：症状和表现

你现在有哪些症状？身体有什么感觉？原来有没有诊断出什么疾病？身体有没有哪个部位疼痛？把这些明显的、能感受到的症状写在树叶部分。比如，你可能把症状记录为超重、腰疼、抑郁、精力不足或者头脑不清等。如果不知道该写些什么，最好的办法就是想想平常抱怨最多的事情，或者想想别人问你“怎么了”时你最常说的事情。

树枝：情绪

平时你的情绪怎么样？早上起来时你感觉如何？晚上睡觉时又感觉如何？想想昨天发生的事，把其中所有的负面情绪都记录下来。如果你想不起来，就翻到前面列出的各种情绪状态看看。

树干：事件

哪些事情对你来说像刚发生一样？上一周，哪些事情给你带来了很大的压力？上一年呢？过去 10 年呢？我们会在第 5 章中详细讨论过往事件如何影响你，所以不用担心遗漏了什么，只要把最明显、最重要的事情记下来就行。

树根：束缚性信念

你对自己抱有哪些固有的看法？对生活呢？你怎样看待财富？怎样看待情感关系？怎样看待你的身体？不用急着回答这些问题，因为它们需要你深入地思考。记住，束缚性信念一开始就像真理一样，慢慢地你才能发现它们的真面目。这里的几个问题能帮你搜寻到这样的束缚性信念：

完成你自己的敲击树

症状 / 表现（树叶）：

情绪（树枝）：

事件（树干）：

束缚性信念（树根）：

对于我自己，我觉得哪些描述是正确的？

对于这个世界，我觉得哪些描述是正确的？

对于财富，我觉得哪些描述是正确的？

对于情感关系，我觉得哪些描述是正确的？

对于我的身体，我觉得哪些描述是正确的？

我们会在本书中详细探讨每一个问题。现在，把你脑中想到的写下来就可以了。

写完后，再看看你的敲击树，这里罗列了当前你面对的问题。我确信它并不全面，但我仍然希望它可以起到两个作用：其一是帮助你看清生活，这样你就能把注意力集中在想治疗的敲击对象上；其二，它显示了每件事的不同层面和各部分之间的联系，这样你就能更有效地运用情绪释放疗法。这些情绪、症状、过往事件和束缚性信念都是本书着重处理的东西，我们会把它们一个一个地全部清除，从而塑造出一个鲜活、健康、快乐的你！

正面描述 VS 负面描述

我在第 1 章中提到过，我经常被问及为什么要关注负面事件而不是正面事件。我想在这点上多说一些，因为它确实是个非常重要的话题。

很多学习过吸引力法则的人会担心，重复负面的提示语会使负面事件更加顽固，或者招致更多的负面事件。然而事实是，这些负面想法、经历、信念都真实存在，都在影响你，不管你是否意识到它们的存在，也不管你是否承认它们的存在。如果你花些时间来认识它们、了解它们，然后告诉杏仁核它们并不危险，那么你就能永远地把它们清除掉。

花园里面长了野草，不可能因为你说“没有野草，没有野草，没有野草……”，它就真的不存在了。你当然可以尽可能多地关注那些美丽的花朵，但野草绝不会凭空消失，除非你蹲下身去将它们拔掉。

花些时间拔除野草，这样你才能拥有一个长满美丽、健康植物的花园，对你来说，道理也一样。当你花时间拔除过往的野草，留下的将是一个身心健康、充满活力、时常快乐的自己。

还需要注意的是，情绪释放疗法不是意识擦除器，它并不会清除过去的记忆，只是对过去的记忆加以处理。经过处理后，我们便能从过去的经历中学到知识、获得感悟、实现成长。就算我们想把过往的某个经历擦除，如果没有对它进行处理，它还是会牢牢地待在原来的地方。

常见的情况是，当我与来访者针对愤怒进行敲击治疗时，愤怒经过身体和心理的处理可能转化成悲伤；我们再针对悲伤进行敲击治疗，悲伤可能会转化为失落；我们再针对失落进行治疗，它又可能会转化为对过往和体悟的感激。这样，原来的愤怒情绪得到了纾解，身体就可以感受到更多的正面情绪了。

如果 1 分钟内奇迹没有发生

情绪释放疗法快速有效，有时甚至比传统疗法治疗几个月甚至几年的效果还要好。在来访者当中，常常出现这样的情况，他们对情绪释放疗法的疗效没有抱太大的希望，但恰好就体验到了 1 分钟见效的神奇。不管这种情况多么常见，毕竟不是百分之百。我们都有根深蒂固的情感模式，通常很难打破，我们的大脑也有坚实的物质基础来对抗各种改变。所以，持续的敲击治疗才可能带来更深刻、更有力的突破。

对于那些根深蒂固的情绪来说，也就是敲击树最坚实、最顽固的部分，治疗有时可能很曲折。你想清除的情绪在治疗开始后可能会变得更严重，这是正常的现象，因为当你打开情绪出口时，大量被压抑的情感会浮出水面。这种时候，请不要灰心，这是身体在告诉你究竟积聚了多少情绪能量。如果继续敲击，你就能不断地清除它们。无论你是在几分钟、几小时还是几星期内获得这样的效果，它都是实实在在的改善。

指点迷津

坚持下去，改变就会发生

对于情绪释放疗法，一开始你可能摸不着头脑，但了解敲击的穴位和过程后，你就能在本书提到的所有方面获得迅速有效的改善。如果你爱自己，现在就用至少 15 分钟来真切地体验情绪释放疗法吧。当你有了治疗体验后，你会认识到这是一个值得学习和运用的治疗法。

想象一下，如果你真的能体验到几百万人已经体验到的疗效，那么你将过上怎样的生活？如果你能消除身体的病痛，生活会是什么样？如果你能甩掉旧创伤和旧包袱，生活会是什么样？如果你最终能把自己从束缚性信念和过往的事件中解脱出来，你将有怎样的创造和贡献？你将成就一个怎样的未来？

所有这一切，都始于以下两个简单步骤：学习情绪释放疗法和坚持敲击治疗，然后改变就会发生。你可以做到！

你可以通过以下网址观看有关敲击穴位过程更详细的讲解：www.thetappingsolution.com/tappingvideo。

第3章

纾解焦虑和压力

RELIEVING ANXIETY, FEELINGS OF BEING OVERWHELMED AND STRESS

为什么有的人可以平静地一边享受挑战一边毫不费力地完成各种事项，而有些人面对同样挑战却焦虑紧张、无法承受？

上帝赐予我平静，让我接纳我无法改变的事；上帝赐予我勇气，让我改变我可以改变的事；上帝赐予我智慧，让我分辨二者的不同。

美国思想家　雷茵霍尔德·尼布尔（Reinhold Niebuhr）

纾解焦虑和压力

克莱尔（Claire）正处在崩溃的边缘，而她身边的朋友却没有看出来。工作稳定，孩子聪明，夫妻关系也很融洽，认识克莱尔的人都觉得她是个注重个人形象又幸福快乐的女人。充满爱心、尽职尽责的克莱尔渴望自己的存在能让这个世界变得更美好，于是非常在意自己吃什么、穿什么、想什么、做什么，这些都让她压力非常大。她试着减压，让心态更加积极，然而效果却并不让人满意。

不知道是什么原因，克莱尔的身体无缘无故开始疼痛，医生也查不出个所以然。她夜里失眠，白天虚弱，体重也增加了，怎么都减不下来，尝试了各种办法后，还是无法摆脱焦虑。当终于有时间喘口气、重新检视生活时，她所能想到的只有一句话：受不了。

负担的责任太多了，受不了！

要做的事情太多了，受不了！

经济压力太大了，受不了！

做一位出色的母亲太难了，受不了！

做一位贤淑的妻子太难了，受不了！

又要外表光鲜，又要感觉良好，又要在别人面前有面子，太难了，受不了！

为我们熟知的现代生活的各种压力全部向她袭来。听起来是不是很熟悉？你的生活里有让你“受不了”的事情吗？最让你受不了的事情是什么？你的身体出现什么症状了吗？

在现代生活中，焦虑紧张、崩溃疲惫、马不停蹄已成为生活的常态。我们常常对自己说：“生活就是这样紧张、繁忙，事情一件接着一件排得满满当当，连喘口气的时间都没有。”

还记得真正松口气的感受吗？现在试一试，看看能体会到什么。你可能会发现：之前压力太大了，都没有注意到身体一直在超负荷运转。请想想，上次真正放松是什么时候？

因为形成的某些思维和行动的惯性模式已然无法继续下去，所以我们的身体会无缘无故地疼痛；所以我们会把病因简单地归结为病毒、细菌等生物的、外在的因素；所以我们会焦躁不安地走来走去，感到很不舒服；所以我们感觉事情多得让我们喘不过气来；所以我们失眠、肥胖，压力如影随形；所以我们难以静下心来享受我们的生活。

一些来访者争辩道，不是他们的思维和行动出了问题，而是生活本身出了问题！他们会说“如果这件事不是这样，我就能快乐起来”“如果没有这么多事，我就能快乐起来”“如果有很多钱，我就能快乐起来”“如果能瘦下来，我就能快乐起来”……我们很多人都简单地认为，除非这些事情发生，否则我们无法快乐起来。

在这里我得宣布一个坏消息，（我知道又给你们增加压力了，不过好消息就在后面，我保证！）如果想更有钱、更健康、更知足，你首先要做的事情就是改变惯性模式。只有做到这一点，你才能创造出真正想要的生活。曾几何时，减轻压力和改变模式是那么高不可攀，难以企及，但现在情绪释放疗法可以让这一切在转眼间发生。

前面我们已经见证了情绪释放疗法在身体病痛方面的神奇疗效，对于心理方面的问题它同样有神奇的疗效，当你针对当前的信念、情绪进行敲击，你的生活就能迅速发生改变。稍后你就会读到，对克莱尔来说这种变化已经发生了，而且整个过程看起来非常神奇，同样，你也能发生这样的改变。

真的“什么都不管用……”吗？

克莱尔已经尝试了多种减压疗法，从瑜伽到冥想，从自我肯定到积极思维，但都没效果。她非常泄气，觉得“什么方法都不管用”。

如果我们在一条自我发现、自我提升的道路上走了好几年，却始终没有看到期望的或治疗保证的结果，那将是件令人非常沮丧的事！而这种沮丧连同更多对负面结果的预期，又会成为阻碍我们前行的障碍，接下来这一障碍又会加深我们对自身或对未来事件的消极看法。

我知道我该做些什么，但从来都做不到。

我试过其他办法，但似乎没什么用。

这种办法可能对别人有用，对我不起作用。

我经常开始做一件事，可从来都做不完（我们现在就来改变这一模式，请相信自己肯定能把这本书读完）。

我们要把这种沮丧情绪清除掉，要把担心无法自我提升的焦虑清除掉，这非常重要。正是在这一清除的过程中，我们才能看到未来新的可能性，否则，像“什么都不管用”“我总是有头没尾”这样的思维定势和信念会不断成为事实，结果你就不会读完这本书，尽管你一直苦苦寻找的生命突破可能就在第 9 章！或者你仅仅是看完这本书却不会真的进行敲击治疗，而敲击本身才是缔造奇迹的源泉。

所以，现在我们就进行敲击治疗，把这些负面的预期清除干净。

指尖敲出丰盛

释放挫败感：什么方法都不管用……

在这本书中，你会见到各类事件的敲击练习。开始敲击治疗时，我们会通过一句检查语来判断是否有必要把某个问题当成敲击治疗的对象。例如这次治疗的检查语：我心里很失望，因为什么方法对我都不管用。

把这句话大声地说几遍，然后根据这句话符合事实的程度打分，10 分表示“与事实完全相符”，0 分表示“与事实完全不符”。

一般说来，如果你觉得某个问题的真实水平能够达到 5 分或更高，它就很可能是一个需要你立即治疗的对象。

记住，以下的描述语仅仅是帮助你开始敲击治疗，如果有更好的描述语或想法，你大可跟着你的直觉走。

手刀点：尽管什么方法都不管用，这让我非常失望，但我还是全然地接纳我自己。

手刀点：尽管我做事总是有头没尾，但我还是全然地接纳我自己。

手刀点：尽管什么方法对我都不管用，这让我非常着急，可此时我还是决定放松一下。

眉毛内侧：什么方法都不管用……

眼睛外侧：我很失望……

眼睛下方：什么都不管用，我很着急……

鼻子下方：我已经尝试过很多方法……

下巴：可是都不管用……

锁骨：这个方法很可能也不管用……

腋下：很可能对我不管用……

头顶：我很失望……

眉毛内侧：什么方法都不管用……

眼睛外侧：做事有头没尾……

眼睛下方：找别的办法也让我不放心……

鼻子下方：因为很多办法都不管用……

下巴：对别人管用……

锁骨：对我不管用……

腋下：我很失望……

头顶：又着急又失望……

现在，再来一轮正面描述的敲击治疗。请记住，只有当你感到放松，或者已经部分地相信了正面描述时，才能进行正面描述的敲击治疗，不要勉强为之。如果在正面描述治疗的过程中，你的大脑里想的是“我不相信”或“那不是真的”，你就要回过头去继续进行负面描述的治疗，直到这些负面的信念全部清除为止。

眉毛内侧：我选择相信，这个方法可能是管用的……

眼睛外侧：我选择释放身体里的失望情绪……

眼睛下方：有些方法还是有用的……

鼻子下方：我已经有了积极的转变……

下巴：我还希望转变得更多……

锁骨：我相信自己有能力改变……

腋下：我要把身体里的沮丧和焦虑全部释放掉……

头顶：释放掉，全部释放掉……

认知转向和“阿佩克斯效应”

按照上述方法做完之后，克莱尔的失望情绪得到了一些缓解。她说：“你知道吗？其实不是什么方法都不起作用，实际上过去两年我有很多成功的经验，我的生活也有很大的转变，我希望情绪释放疗法能给我带来更大的转变。”

从克莱尔跟我说“什么方法都不管用”到治疗结束，短短几分钟的时间里到底发生了什么？她之前是在撒谎吗？是这几分钟让她改变主意了吗？

实际上，她的大脑和身体把过去所有负面体验都提取出来了，包括所有那些没有放下或没有处理好的创伤。这些负面体验已经形成了束缚性信念，令她难以逾越。针对她的失望情绪和自我暗示进行敲击治疗后，我们清除了她固有的思维模式，于是新的信念开始出现。

当我们用情绪释放疗法治疗这些情绪和体验时，一种认知上的转向就发生了，通常，这种认知转向十分显著，人们几乎会忘记之前的体验。

我之前已说过，情绪释放疗法并不是意识擦除器，它不会以任何形式来清除记忆，但它确实能清除记忆背后的负面情绪和惯性模式。在最极端的情况下，这种认知转向会成为“阿佩克斯效应”(Apex Effect，这个效应发生在一个人出现剧烈改变时，这种改变过于彻底，以至显得不真实。——译者注)。

有人本来害怕蜘蛛，用情绪释放疗法治疗后，这种害怕感消失了，然后他们会说他们从来就不怕蜘蛛。这就是每次敲击治疗前都要进行主观焦虑评分的原因之一，它会帮你记住敲击的起点，这样你才能准确地计算自己的进步。

指点迷津

选择描述语

我们已经在前面学到，开始一轮敲击治疗时，先说问题描述语：尽管__________（把你的“压力王事件”填进去），我还是全然地接纳我自己。

在这里，我想向你介绍一种替代的描述方法，叫作“选择描述语”，这是情绪释放疗法的早期探索者帕特里夏·卡林顿博士发明的，它允许你把问题描述语的结尾部分替换为一种选择。

使用选择描述语主要有两个原因：第一，当你不愿说“我还是全然地接纳我自己”时，你可以用选择描述语替代；第二，选择描述语能让你觉得有力量感，并且可以让你控制自己的敲击体验。

选择描述语是这样的：尽管__________（把你的“压力

王事件”填进去），但我此刻还是选择__________（把积极的、肯定的话语填进去）。

例如：

尽管我对工作中发生的事很气愤，但此刻我还是选择把它放下。

尽管我的腰很疼，但此刻我还是选择放松。

尽管我跟她说了那样的话，这让我对自己很失望，但此刻我还是选择原谅自己。

对于你想治疗的具体的问题，你可以凭直觉选择合适的选择描述语。

终止压力的恶性循环

梅丽莎（Melissa）完成了她的第一本书，这是她人生中的一个重大目标。多年来，她一直梦想着能写一本书，所以，你可能会觉得此时的她一定非常自豪、非常欣喜，接下来会想办法向世人推广。然而，她却陷入了困境。

几个月过去了，她没有做任何事来推广她的书。我问她为什么，她说：“要做的事情太多了！我要设计网站，要把书放到亚马逊上促销。要做的事情多如牛毛，我都不知道从哪里开始！我压力太大了，我受不了了。”

压力是日常生活面临困难的表现，它让人感到不舒服，给我们的身体带来灾难。在它的作用下，身体的皮质醇水平升高、血压升高、血糖升高，此外，它还常常导致更为紧张的关系，例如，你可能会把同事给你带来的压力发泄到妻子或孩子身上，并形成恶性循环。

如何终止压力的恶性循环？答案在于转变我们的战斗或者逃跑反应。

经过深入沟通后，我发现她潜意识里有些东西正在阻碍她。我们会在第 4 章中讨论这些。首先，我们得减轻她“受不了”的感觉，所以我带她做了几轮敲击治疗。

指尖敲出丰盛

释放沉重感：压力大到受不了……

在敲击开始前，问你自己：“我受不了的东西是什么？我觉得什么事情搞不定？让我感到有压力的东西到底是什么？”

接着，试着说出检查语：我受不了了，要做的事情太多了。接着给出一个从 0 ~ 10 分的评分，然后开始敲击。你可以使用下面的提示语，也可以自己编。你还可以找找导致这种压力的主要想法或事件，并且给出一个 0 ~ 10 分的评分。这样做能深入问题的根源，达到更好的效果。

手刀点：尽管我压力很大，快受不了了，事情多得做不完，但我还是全然地接纳我自己。

手刀点：尽管要做的事情多如牛毛，让我压力很大，但我还是全然地接纳我自己。

手刀点：尽管我觉得搞不定这些事情，也觉得我不够聪明，但我还是全然地接纳我自己。

眉毛内侧：这些事情我搞不定……

眼睛外侧：我快要受不了了……

眼睛下方：压力太大了，受不了了……

鼻子下方：要做的事情太多了……

下巴：受不了了……

锁骨：事情太多了……

腋下：时间太紧了……

头顶：我搞不定了……

眉毛内侧：我怎么做得完这么多事呢……

眼睛外侧：我做不完……

眼睛下方：因为要做的事情太多了……

鼻子下方：我需要帮助……

下巴：时间总是不够用……

锁骨：事情总也做不完……

腋下：我受不了了……

头顶：实在受不了了……

继续进行负面描述的敲击（把你说的当作“事实”，因为你在说你的感受，所以这就是你的“事实”！），直到你感觉有所缓解。接下来，到了时机成熟时，再做几轮正面描述的敲击。

眉毛内侧：我选择放松……

眼睛外侧：我有办法完成它们……

眼睛下方：我过去做到了，现在也一样做得到……

鼻子下方：我要把这种受不了的感觉扔掉……

下巴：我要做我该做的事情……

锁骨：压力大解决不了问题……

腋下：我要把这种受不了的感觉扔掉……

头顶：扔得远远的……

反复进行上述敲击治疗，直到你觉得够了为止。

为了帮助你尽快上手，这里的描述都比较宽泛。你把自己的情况描述得越具体，敲击治疗就会越有效。比如在敲击时，如果你意识到让你感到最有压力的是工作中的某个项目，那么就可以针对这一项目和感受来敲击。问题描述语可以是：尽管这个项目给我造成了很大的压力，我可能永远都完不成，但我还是全然地接纳我自己。

把这一描述重复 3 遍，然后按顺序敲击穴位。

说不定在敲击过程中，你意识到你很生气，你觉得老板不知道你在这个项目上投入了多大的精力。这时你可能会说：“尽管我很生气，因为老板并不知道我在这个项目上投入了多少精力，但我还是全然地接纳我自己。”

把这一描述重复3遍，然后按顺序敲击穴位。就这样继续进行，直到你感觉问题变得清晰为止。

有时，你可能不清楚针对某件事的敲击治疗是否可以告一段落。对此，我通常建议你继续敲击，直到你对它的主观焦虑评分降到1～2分为止。当然，能降到0分最好，不过有时事情会在脑中停留一小会儿，几个小时后才逐渐散去。

如果你已经将内心深处的创伤敲击了15分钟，评分从10分降到了4分，你也可以不用继续敲击了。聆听你的直觉，关注你的身体，尽力而为即可。你可以伴随着4分的评分过一两天，找到合适的时机再来处理它。

做了15分钟的敲击治疗后，梅丽莎说：“你知道吗？其实针对那本书，我并没有太多事情要做，而且要做的事情我都能做。我只需要每次前进一小步就好，而不是一口气把所有的事情都做完。”

这个看法真特别！究竟发生了什么？敲击治疗后，她要做的事情还是和之前一样多，这一点并没有改变，那么到底是什么变了？之前她不断地告诉自己，她所面临的情形有多难以承受，所以她的身心针对这一威胁产生了逃跑反应。而现在杏仁核的报警已经安静下来了。当然，她并没有面临什么真实的威胁，是她的惯性模式让她自以为陷入了困境。

情绪释放疗法能增进我们解决问题的智慧，让我们更有能力面对周遭的世界。那种感觉就像是大脑打开了开关，灯一下子亮起来了，然后身体也跟着运动起来，接着我们就真的能面对很多事情了！情绪释放疗法把我们带入一个安静的世界，让我们更加了解自我、他人以及我们所生存的世界。

为什么有的人可以平静地一边享受挑战一边毫不费力地完成各种事情，而面对同样挑战的其他人却焦虑紧张、无法承受？

这是因为他们已经培养出了健康、成熟的思维方式和信念，而其他人没有。在情绪释放疗法的帮助下，我们能改变不健康的思维方式和信念，缓解焦虑、紧张和崩溃感，停止对外界的机械反应，主导自己的生活。这样的我们既能奋力向前，又能享受生活！

指点迷津

是什么令你崩溃？说出来，敲下去

刚开始运用情绪释放疗法的人往往卡在“说”的部分。其实，就算你没有特意准备问题描述，也一样可以获得情绪释放疗法的所有好处。你不必严格按照程序做，只要一边按顺序敲击，一边自由地谈论给你造成压力的事情就可以了。

例如，你可以想象和朋友通电话，你正在跟她说今天工作有多忙。这时你可以开始敲击治疗，一边打电话一边敲！而她无须知道你正在做什么。宣泄的过程中，你的身体会安静下来，同时，借助情绪释放疗法负面情绪也能处理掉。

宣泄没有任何错，给高压锅放点气是好事。但如果你发现自己在一件事情上喋喋不休，而事情没有丝毫改变，你也没有任何解决办法，那么这就是问题了。而在宣泄的同时加上敲击治疗，你可能会得到下面的结果：

你很快不再纠结这件事了。

你在这件事上产生了新的认识。

你很自然地想出了创造性的解决办法。

许多人都跟我说过，在某些情况下，他们实在无能为力。我点点头，然后让他们把压力、愤怒或忧伤告诉我，同时进行敲击治疗。结果，就在当时当地，他们往往能想出潜在解决方案。所以放松去表达吧，大声说，别管有没有条理，把想到的全说出来，别忘了同时敲击穴位。你会发现，你的感觉大不相同。

重新讲述生活的故事

来自美国科罗拉多州（Colorado）的劳伦（Lauren）是两个孩子的母亲。婚姻紧张、肥胖、情绪低落、崩溃感，这些都让她很纠结。开始敲击治疗前，劳伦讲述了她生活中发生的事情。

连着 20 分钟，她都在跟我讲她的事情，尤其是工作上的事。我几次想打断她，问问她当时的感受，可就是插不进去话。

最后，我只好举起一只手，示意她停下来，她才告一段落。我亲切又坚决地说："不要再说事情了，这些都是具体事件，而不是你。"

她立刻明白了我的意思。她停下来做了一个深呼吸说："哦，天呐……我半天全说事情了。"

问题并不在于她说的事情，而在于她太执着于说事情了。她说了一遍又一遍，同时想了一遍又一遍，可最后还是不断地重复那些具体的细节，以至于没有关注在事情当中的感受，也没有从分析或寻找解决方案的角度看待事情，只是一遍又一遍地讲述事情本身。

我们都会陷入自己所说的事情当中，人物、情节、对与错。我们诉说别人对我们做的事情，讲述世事如何不公，一味地倾倒那些让人充满愤怒、哀痛、妒忌、恐惧等负面情绪的故事，但说完这些事情后，我们留下了什么？收获了什么？

只要劳伦继续一遍又一遍地讲述她的事情，她的生活就不会有任何起色。现在，她已经认识到了这一点，于是我们开始针对她讲述事情的惯性模式进行敲击治疗，而不是她的事情。我们使用了这样的问题描述语：

尽管我总是讲这些事情，总是陷到故事情节中去，但我还是全然地接纳我自己；

尽管我总是一遍又一遍地重复相同的事情，但我还是全然地接纳我自己。

接下来，我们开始把敲击的重点放在她对这些事情的感受上。这样做并不是要把具体的事情完全忽略，而是以一种积极的方式来处理它。所以，当我问劳伦感觉如何时，她就能放慢节奏，感知自己的内心："我觉得这些都是别人的事，我都在为他们忙，从来没把自己放在第一位。"

对劳伦来说，这是一个至关重要的问题，于是我们又探讨了她没有把自己放在第一位，从而让自己和他人都深受困扰的其他情境。你能想象乘飞机时有人对你说“给自己戴好氧气面罩后再帮助别人”吗？对劳伦来说，就需要有人这么提醒她。她现在已经意识到，应该把照顾自己放在帮助他人前面，可她真的会这样做吗？

情绪释放疗法非常灵活，与其他疗法配合也能得到非常好的效果，其中包括意象疗法。我决定在这里尝试一下。我告诉劳伦，她现在的情形就好比是电脑上运行的一款叫作“先人后己”的程序。我问她想不想换一款叫作“先己后人”的新程序？她立刻明白了我打比方的用意，于是承认她现在运行的程序是错误的，并且想尝试一款新的。

我让劳伦闭上眼睛，开始对她进行意象引导，同时，劳伦继续按顺序敲击所有穴位。其间，我引导她“卸载”旧程序，然后“安装”新程序。人的心理真是神奇，我也不知道为什么，当我用这种方法治疗她时，奇迹又一次发生了。慢慢地，劳伦卸载了所有旧程序，同时安装了新程序。

这么做效果如何呢？当时的治疗发生在周五，下面是她周一邮件中的一段：

> 这个周末过得真棒……整个治疗过程让我焕然一新！我对自己和周围的人的看法完全变了，我的想法和感觉也融合在一起了，那是一种真正的默契。以前，我的想法很多，我也知道自己想要什么样的感觉，但我很难把两者调和起来。

现在，我的想法和感觉之间已经没有距离了，它们已经统一起来了。

看样子，劳伦学会了讲述新事情了！

你最忧虑的是什么？

对绝大多数人来说，如果能永远不看新闻，将是一件幸福的事情，因为漫天的负面事件实在惨不忍睹！

然而，躲进小楼不问窗外事也不是最好的解决办法，有没有一种方式，让我们既能知晓天下事，又不被它们干扰呢？

我认为有，那就是情绪释放疗法。

如果我们因为环境、政治、战争和其他事件而感到过分担忧，那么这种担忧就会损害我们的身体、减弱我们解决问题的能力。苦恼于一件重大环境事件不会对事件本身产生任何作用。大多数人都有一种错误的认知，觉得如果我们不苦恼，事情就不会有转机。然而事实是，真正促成改变的是积极的行动，而非叫苦不迭。

几个星期前，我在一个非常爱护动物的好朋友那里亲眼见证了这样的事实。她的邻居总是虐待几条狗和一匹马，她给相关当局报了警，但因为法律上的原因，这些机构并没有权力作任何干预。

这一状况引发了她很多情绪，对此我们进行了敲击治疗。这些情绪包括愤怒、无力感、悲伤等。治疗过后，她的情绪平复了很多，并且开始从新的角度看待这件事。

她仍然关心动物，但已不再感到痛苦，这个改变虽然微小，但意义重大。在后面我们会提到，当我们改变看法时，我们的情绪状态、行为方式以及身边的人都会跟着改变。

指尖敲出丰盛

释放无力感：什么事让你觉得无能为力？

花点时间想想，哪些事情正让你忧虑不已。然后借助情绪释放疗法帮你缓解忧虑。

手刀点：尽管我非常担心__________（把你忧虑的事情填进去），但此刻我还是选择放松。

手刀点：尽管我禁不住想__________（把你忧虑的事情填进去），但我还是全然地接纳我自己。

手刀点：尽管我非常担心__________（把你忧虑的事情填进去），但此刻我还是选择体会当下的安全。

眉毛内侧：这件事让我担心极了……

眼睛外侧：这么做不对……

眼睛下方：这个世界真不太平……

鼻子下方：愁死我了……

下巴：真发愁啊……

锁骨：真揪心啊……

腋下：这件事不对啊……

头顶：这个世界不太平啊……

眉毛内侧：我得操心这些事……

眼睛外侧：如果我不操心，谁会操心？

眼睛下方：我得操心……

鼻子下方：操碎了心……

下巴：压力真大……

锁骨：如果我不操心，事情就不会有改观……

腋下：如果我没有压力，事情也不会有改观……

头顶：真是操碎了心……

继续进行负面描述的敲击，直到你的忧虑得到缓解。

眉毛内侧：我选择放松……

眼睛外侧：我选择放下……

眼睛下方：我能放松，同时仍然能寻求改变……

鼻子下方：我能放下这些不好的感受……

下巴：同时仍然继续关心……

锁骨：我无须带着不好的感觉去关心……

腋下：我无须带着不好的感觉去寻求改变……

头顶：全都放下……

用“选择”代替“应该”

你可能已经意识到，这章的内容有一条主线：当我们面对焦虑、崩溃感以及现代生活的压力等问题的时候，情绪释放疗法可以改变我们看问题的角度。

我们无法改变问题产生的情境（要是真能改变，我肯定会告诉你），但我们能改变看待问题的角度和面对问题的反应。过去 10 年，我发现最神奇的事情在于，当你换个角度看问题时，你的感受、反应和问题本身往往也会跟着改变，而且这种改变常常是朝好的方向。

所以情绪释放疗法能让你拥有一个明亮的视野，重新讲述你和你的生活。借助情绪释放疗法，相信自己可以优雅平和又充满喜悦地走过紧张的生活和纷繁的世界。

指尖敲出丰盛

我应该……

在我们所使用的词汇当中，“应该”二字是极其熟悉的，不幸的是，这个词承载了众多压力，包括内疚、恐惧、耻辱、后悔等负面情绪。通常，当我们说“我应该……”时，我们甚至意识不到随之而来的隐隐的忧虑、压力和崩溃感。

我应该多锻炼身体；

我应该吃好点；

我应该努力工作；

我应该减肥；

我应该多陪陪孩子；

我应该多读点书；

我应该多关注孩子的需求；

我应该……没完没了的“我应该”……

“应该”二字的问题在于，它在暗示我们做得不够，它让我们羞愧，让我们把注意力放在没做好的事情上。如果我们用“选择”二字代替“应该”，那么我们的力量感就会强得多。

我选择多锻炼身体；

我选择吃好点；

我选择努力工作；

我选择减肥；

我选择多陪陪孩子；

我选择多读点书；

我选择多关注孩子的需求。

感觉好多了吧？所以，让我们把生活中的“应该”都找出来，然后针对它们敲击，再把它们替换为更积极的“选择”。

找一张纸和一支钢笔，把你认为“应该”做的事项全部列出来。你可以参考上面的事项，但最好列出能深入体现你生活经验的事项，对大多数人来说，这不是一件难事。

列出全部的“应该”事项后，我们就要逐一对它们进行敲击治疗了。假如某个事项是“我应该多锻炼身体”，那么你就可以一边敲打手刀点一边说：“尽管我应该多锻炼身体，但我还是全然地接纳我自己。”重复3遍。

接下来，按照敲击顺序逐个敲击穴位，每到一处都要说：“我应该多锻炼身体。”

就这样一直做下去，直到你觉得你的描述不再与事实相符了。这时，换用积极的选择描述继续按顺序敲击，比如“我选择多锻炼身体”或换用你喜欢的其他描述。还可能你的思维转变得太大，认为自己已经锻炼得足够多了！

就这样，针对每一个“应该”事项进行敲击治疗，直到思维有所转变，然后再换用积极的选择描述继续敲击。如果你有很多“应该”事项，你也可以一次敲击几件，剩下的就留待稍后或第二天吧。

把“应该”事项全部治疗完毕后，体会一下自己的感觉。如果你跟我的大部分来访者一样，那么当你从所有“应该”事项中解脱出来时，就会为你的自我关爱、同情心和平静感感到惊奇。如果在接下来的几天或几个星期里，又有“应该”事项偷偷摸摸地回来，你就继续对它们进行治疗！

摆脱“应该”的生活，才能得到充满“选择”的生活。只有掌握选择权时，我们才是最有力量、最自由和快乐的人。

第4章

抗拒让我们停滞不前

OVERCOMING YOUR RESISTANCE TO CHANGE

寻求改变的同时，总有一个抗拒改变的破坏者拖着我们停滞不前，陷入泥沼。当头脑选择向左，心灵却选择向右时，唯有找出幕后导演，我们才能迎来切实的改变。

我们最大的恐惧不是死亡，而是涉险而生。活着，并且表达真实的自我。

美国疗愈师　堂·米格尔·路易兹（Don Miguel Ruiz）

抗拒让我们停滞不前

现在，我们已经把紧张、焦虑和崩溃感等精神层面的噪音平息了。接下来我们将讨论如何运用情绪释放疗法促成生活方方面面的改变，这一章的主题就是改变。这正是你看这本书的原因，不管是减肥、治疗身体病痛，还是改善财务状况、提升情感关系，你总想改变点什么。

不过，在真正改变之前，我们先来看看一个很多人都要面对的小麻烦。在改善状况的需求深处，往往潜藏着一个抗拒改变的破坏者。我们天生就不喜欢改变，让事情保持原样多轻松啊。我们知道这样节省精力，所以很多时候，我们在潜意识里保持原样。老话说得好，明枪易躲，暗箭难防，比起陌生的人和事，熟悉的局面更好掌控，即使这局面并不理想。所以，当我们开始考虑改变生活的某一方面时，抗拒就会飞速袭来。

我知道你现在正在说什么：“我不害怕改变！我要减肥！我要挣更多的钱！我要治好我的病！”我相信，你在意识层面上确实需要这些，不过我也明白，作为人，我们往往还有潜意识或半意识的念头、恐惧和障碍。我们嘴上说想改变一些东西，可不知道为什么，我们总是卡在那里，无法前进，而且，有时不仅无法前进，还得眼睁睁地看着它倒退。

谁是幕后导演？

每个人都需要成功，在意识层面上确实如此。然而不幸的是，我们的潜意识常常有它自己的主意。意识是我们能感知到的东西，比如平时的想法、作出的决定等。而潜意识是幕后的导演，它是我们想法和决策的无形掌控者。在大多数情况下，它的判断来自我们童年时期的经验。

有多少次你想改变些什么（比如开始锻炼身体），却发现无法坚持下去？然后你停下脚步，责备自己几句，接着想出一堆无法那样去做的理由。你越是这样，情况越是糟糕，因为失败的经验增加了，下一次再想改变时，信心就更少了，于是恶性循环。

你害怕改变吗？下面列出了害怕改变的几种表现，你看着是否眼熟呢？

自我阻碍：当事情向好的方向转变时，你常常会想办法让它停止。

拖延耽搁：你发现自己很难迈出第一步，或无法坚持到底。

完美主义：武装到牙齿才能出发。

糊里糊涂：你不知道自己要什么，所以无法开始。

犹豫不决：迟迟做不出决定，让你无法向前。

如果有上面这些表现，你就要看看自己是不是在抗拒改变了，这很重要，否则你就会继续苦恼，直到认识到你的抗拒为止。

玛丽已经念叨了好几年，说自己应该减肥。她把这个地球上的减肥食谱试了个遍，每次稍有进展就前功尽弃了。她的体重常常在固定范围内波动，高低差不了 3.5 公斤。

治疗开始后，我们先聊了聊她的体重。她说："只要减到 60 公斤，我就再也减不下去了。好像哪里报警一样，然后我就开始开小差，不是停止锻炼就是猛吃东西，节食餐也不吃了。不管用什么办法，最终我总会把减掉的体重补回来。"

一到 60 公斤就卡住是没有道理的。她没有意识到，当体重减到 60 公斤时，有个声音就会说："停止锻炼！停止吃节食餐！"不过，这种模式已经重复很久了，她明白一定有心理上的原因。

我问了她几个重要的问题（你可以用同样的问题问自己，看看自己有没有在抗拒改变），对于其中一个问题，她立刻做出了回答。我问她："如果你突破了 60 公斤这一关，并且减到了理想体重，谁会受到伤害或不高兴？"她不假思索地回答："我姐姐！"

在成长过程中，她一直把姐姐视为自己的偶像。她清楚地记得，有一天姐姐很不高兴地对她说："你太漂亮、太苗条了，搞得我就像一头肥猪。我讨厌你。"因为自己的出色而惹姐姐生气，这已经不是第一次了，不过这次的记忆最为深刻。后来，姐姐也说过，她的成功让姐姐感到很失败。这些经历使得玛丽形成了一个观念：苗条、漂亮是不安全、不好玩的！所以，她一定要让体重增加到"安全"区。她的潜意识认为，姐姐对自己的"喜欢和肯定"比"苗条和漂亮"更重要。

当她意识到这一点后，就能针对她和姐姐以前发生的事情以及与此有关的情绪进行敲击治疗了。在治疗当中，她不仅改变了关于减肥的一系列想法，还改善了与姐姐的关系，改变了对姐姐的反应模式，治疗有了更深入的效果。识别出类似上面的思维模式是有益的，它的影响往往超出事件本身。当我们对此进行治疗后，巨大的改变就可能发生。

继续前行，还是原地踏步？

我们可以想象自己有两面，一面受制于成长需要，以便尽可能地实现自我，但另一面却受制于对确定和熟悉感的需要，因为不论是好的还是不好的改变都是未知的，而未知就意味着不确定和不熟悉。

我们一次次地原地踏步，实际上是在质疑自身处理未知事件的能力。大脑铭记过去发生的一系列事情，并用它们预测未来获得成功的可能性，根据这些信息，我们要么继续前行，要么引发恐惧反应，停止前进的脚步。你可以借助以下几个重要问题来判断自己是否抗拒改变。想想你希望改变的事项，然后问自己：

如果真的改变了，结果会怎样？

如果真的改变了，别人会有何感受？

如果真的改变了，我会体验到怎样的痛苦？

如果真的改变了，我会失去什么？

不论你想改变的东西是什么，了解你对改变的抗拒都极为重要。不管是想医治病痛，还是想赚更多钱，背后的模式都相同。正因为如此，我们才会在本书中反复提及这一点，对于任何事情，你首先要确保把对改变的抗拒清除掉。

我经历过这种抗拒。大学毕业后的几年，正逢互联网蓬勃发展，市场营销咨询业方兴未艾，我也进步很大，跟大多数好友相比，我的年薪是他们的 3 倍。

为了庆祝个人的成功，也为了跟朋友们尽情地玩一次，我组织了为期一周的聚会。我们 12 个人住在墨西哥两栋漂亮的别墅里玩得特别尽兴，我永远都不会忘记那次聚会。那次经历让我更加确信，我要追求更成功的人生。第二年，当我们准备再次聚会时，原先的两栋别墅却租不到了，于是，我们每个人都得花更多的钱。

我努力想要说服每一个人，但很多人都说他们承担不了那么多的费用。我十分期待这次旅行，也盼望着和好友相聚，我尽力告诉所有人再次相聚和尽兴是多么重要。结果，我得到的回答让我很意外，尤其其中一人这样说："我们不像你挣得那么多，不可能想干什么就干什么。"

那次对话很不愉快。离开时，我觉得自己太过热情，挣得也比他们多太多，因此心情很糟糕。毫无疑问，在接下来的一年里，我的财务状况急转直下。我贷了一大笔款，几个客户没给钱，又错过了需要的工作，最后，我的境况完全转变了，变得只能和朋友们互相同情了，谁也不能嫉妒我挣得多了。

后来，我意识到了这其中发生的事情，并学习了情绪释放疗法，明白自己值得挣那么多，明白比朋友挣得多也没什么不对，明白与他人不同并非不可接受。这时，我才重整旗鼓，让自己过上了宽裕的生活。

指点迷津

停滞不前的好处是什么?

只有深挖问题，我们才能看到意识深处隐藏的想法。要做到这一点，方法之一便是问自己重要的问题：停滞不前（或让问题存在）的好处是什么？认真回味这个问题，仔细想想，停留在目前的状态让你得到了什么？你可能得问问你的潜意识，请闭上眼睛，这样或许能比平时想得更深入些。

现在请问自己：改变（或解决问题）的坏处是什么？认真回味这个问题，想想改变的坏处。以下是我从来访者那里听到的一些回答，它们是否能引起你的共鸣?

停滞不前（或让问题存在）的好处是什么？

我什么都不用改变；

我还能做我现在做的事情；

别人不会对我有更高的期待；

我很熟悉现在的情形；

我不想让别人感到不舒服。

改变（或解决问题）的坏处是什么？

别人会注意到我；

我可能无法适应；

要承担更多责任；

别人会对我有更高的期待；

我得努力工作来维持；

我可能无法维持；

我没有时间放松；

我努力了，但没有结果；

别人会评判我、批评我。

你已经发现了不想改变的一些原因。你那么努力地寻求改变，可自己却让它停滞不前。不论有多少原因让你想改变，但不想改变的原因总是更为强大，它们每次都是赢家！我们会花点时间针对这种抗拒敲击。现在，你只需要让自己意识到这些抗拒，想想它们如何影响你的生活。

我想保护谁？

对所有人来说，“保护”都是一件重要的事。任何威胁到安全的事件都会激活大脑的边缘系统，使我们进入战斗或产生逃跑反应。当我们做陌生的事情、追求新的事物时，我们的大脑就会把它们与相关的风险联系起来。大脑会问：“这样的改变对我有好处吗？”如果答案是“改变意味着责任太重，对我没有好处”，那么我们的潜意识就会想方设法阻止改变发生。

大脑之所以这样构造，就是为了找出潜在的危险，因为我们的身体需要安全。我们祖先的大脑在不断地寻找老虎和熊，这是它的首要任务：察觉危险。你能想象，有人要求我们的祖先保持积极心态吗？要求他们不要这么悲观，不要害怕老虎攻击他们吗？或者告诉他们“如果你能把注意力放在好的、积极的事情上，老虎就抓不到你了”？

在遥远的过去，这么做是荒唐可笑的。所幸，人类的生存状况在现代社会已经发生了很大改变，我们有时间关注生存之上的高级需求了，不过，我们的大脑还没有完全适应这种改变。

指尖敲出丰盛

释放抗拒感：你是否害怕改变？

如果你跟我们当中的大多数人一样，只要谈到改变，焦虑水平就上升，那么现在就是进行敲击治疗的好时机。想想你希望改变些什么，然后用检查语评估一下。检查语可以是：

对于改变＿＿＿＿＿，我感到焦虑。为这句话打一个分，再开始敲击治疗。

手刀点：尽管对改变感到焦虑，但我还是接纳我自己。

手刀点：尽管我不愿意把过去的记忆翻出来，但我还是接纳我自己和现在做的事。

手刀点：尽管此时我知道我为什么不想改变，但我还是接纳我自己和现在的感受。

现在开始按顺序敲击穴位：

眉毛内侧：我不想谈论与改变有关的事情……

眼睛外侧：我甚至不想针对改变进行敲击治疗……

眼睛下方：我只想一个人静一静……

鼻子下方：但是对于现在的情况，我觉得不舒服……

下巴：改变真让人不安啊……

锁骨：我不确定是否愿意这么做……

腋下：我不确定这么做是否安全……

头顶：一说到改变，我就会紧张。

再来一轮正面描述的敲击治疗：

眉毛内侧：有一些事，我准备做出改变……

眼睛外侧：也许我准备得比我想象中要充分些……

眼睛下方：没准儿我会喜欢做出的改变……

鼻子下方：没准儿我现在已经改变了一点点……

下巴：这比我想象的容易……

锁骨：我看看哪里发生了变化……

腋下：这样我就更容易做出决定了……

头顶：现在开始改变也不是难事……

用身体的痛阻止心灵的伤

琼（Joan）腰疼得非常厉害，整个人像残废了一样，无法工作。然而她坦白地告诉我，这种情况对她还是有一些好处的。她有稳定的伤残补助，虽然不多，但已经可以支付她的账单了。她受伤前的最后一份工作做得很不开心，那个老板脾气特别大。当我让她想象腰疼治好之后的情形时，她立刻开始担心要回去上班。很明显，这两件事之间存在着一些关联。

我们用情绪释放疗法治疗了她对回去上班的担心、疼痛带来的好处、缓解后生活的改变等。我们仅仅治疗了她对改变的抗拒就已经显著地减轻了她的疼痛。她问我是不是潜意识通过引发疼痛让自己不用上班。我提示她，潜意识不仅能引发疼痛，很可能直接参与了疼痛。想让来访者认识到这一点很难，因为他们无法接受疼痛是自己造成的，一旦意识到这一点，他们又很容易自责，于是精神压力就更大了。

但我们大可以对自己表示理解和同情，以此来吸收这种压力，化解对改变的抗拒。我们应意识到，我们已经尽了最大的努力，我们的身体和头脑仅仅是想让我们安全而已。当我们认识到需要安全感时，也就能直接地认识到我们对改变的抗拒，并且借助情绪释放疗法清除它。接下来，改变就可以成为现实了。所以，我们应该认识到，我们不过是在让自己或别人感到安全。了解了这一点之后，我们会做些什么呢？不用说，当然是开始敲击治疗！

指尖敲出丰盛

释放不安全感：你不确定改变是否安全？

检查语：对我来说，改变很危险。为这句话打一个分，再开始敲击治疗。

手刀点：尽管对我来说，改变很危险，我还是接纳我现在的感受。

手刀点：尽管开始改变后，我将无法感到安全，但我还是要换个角度看问题。

手刀点：尽管是出于保护自己的缘故，我让自己停止改变，但我还是接纳我现在的样子，我也会从新的角度看待改变。

现在开始按顺序敲击穴位：

眉毛内侧：做出这些改变让我感到不安……

眼睛外侧：如果要做出改变，我不知道应该怎么保护自己……

眼睛下方：我知道，改变是痛苦的……

鼻子下方：我要保护我自己……

下巴：如果要做出改变，我不确定怎么做才能让自己安全……

锁骨：想让自己安全可能是非常不容易的事……

腋下：我不清楚我是否知道如何才能让自己变得更加安全……

头顶：我不清楚能否学会让自己安全。

再来一轮正面描述的敲击治疗：

眉毛内侧：也许我能安全地做出改变呢？

眼睛外侧：也许我的办法比我想象的要多呢？

眼睛下方：也许没有我想象的那么难……

鼻子下方：可能我已经做出了某些改变……

下巴：有时候，我确实觉得比以前更放松……

锁骨：或许我能想办法多做一些改变……

腋下：我能做出改变，同时保护自己……

头顶：我喜欢看到自己的信心一天比一天高。

你真正想要的是什么?

我们都说要改变，但就像我们前面谈到的那样，意识当中的渴望并不一定产生相应的行为，如果能让潜意识里的你和那个确实要改变的你相一致呢？想想看，如果二者真的一致了，那么改变会有多么轻松！如果没有达成一致，那么结果要么就是改变不会发生，要么只能事倍功半。如果潜意识里的你不愿意减肥或讨厌健身房，那么减肥就会成为一种痛苦的经历；如果你不愿意花更多时间工作，那么挣更多的钱也会成为一种负担。总之，当我们的潜意识没有和你想要的改变达成一致时，那么改变就迟迟不能发生。

只要我们察觉到束缚性信念（不管是与事实相符的还是只是想象当中的），同时针对它们进行敲击治疗，我们就能轻松快乐地推进目标。比如，你觉得减肥过程很痛苦，因为你不喜欢健身房，可又不得不去。这时，你既可以针对厌恶健身房进行敲击治疗，也可以针对减肥的负面认识进行治疗。这种负面认识就是：为了减肥，我不得不去健身房痛苦地健身。如果你针对这种认识治疗了，你就有可能发现新的东西。或许你会认识到：我可以开始打网球，这项运动很棒，我也很喜欢。现在你的潜意识和改变步调一致了，你感觉既愉快又安全。

寻找对改变的抗拒时，不要对自己太苛刻。你要意识到，这是一个长期的过程，你不可能一转眼就把大大小小的抗拒全找出来。但就算只发现一种抗拒，你也能为生活带来新的可能。改变是生命的伟大真相之一，我们渴望让一切保持原样的确定感，也渴望成长和改变，在两者之间，我们苦苦挣扎。

敲击治疗确实有作用，但这需要一个过程。你会做出改变，开始适应新环境；也会在渴望成长的过程中遭遇对改变的抗拒，这时你针对抗拒做治疗，实现改变，对改变也不再有不适感……是的，就是这样！这就是为什么你有必要给这一章加个书签，以便随时回来翻阅，请重复练习敲击示例，好让你的改变更容易实现。

指尖敲出丰盛

让头脑和心灵统一

请做一做下面的练习，看你的头脑和心灵是否已经统一到你所渴望的改变上来了。

想象一下，你已经达到了你想改变的目标。或许你现在已经减到了期望的体重，身材看上去很棒；或许你的生意大有起色，财运滚滚来；或许你已经恢复了健康，正准备重新投入生活的怀抱；又或许你再次找到了一生的真爱。

现在继续想象，你衣着光鲜，同爱人耳鬓厮磨，感叹生活的美好；你拥有一辆宽敞的名车、一幢漂亮的房子；你邀请亲朋好友，与你一起分享幸福时光。

这种感觉怎么样？

太惬意了，感觉不能再好了！

有些不适，这些东西对我来说有点不确定。

不行！不舒服！

他人的反应如何？

所有人都为我高兴！

他们看上去有点严肃。

他们都很生气！

你的反应又如何？

我太高兴了！跟我想象的一模一样！

真的不舒服！

我想逃出去！

如果每题你都选第一个选项，那么祝贺你！你很可能会轻松快乐地接近你的目标。如果你的回答是第二个选项或者第三个选项，那么我也祝贺你！现在你已经知道，有些隐藏的障碍在阻碍你走向渴望的成功。认识到这一点，你就可以针对这些障碍做点什么了，比如敲击治疗！

第 5 章

哀悼失落的童年

TAPPING THROUGH YOUR PAST

无论你是 23 岁、33 岁，还是 63 岁，在曾经未愈的伤痛面前，你永远只是个孩子。

过去的记忆一直伴随着我们。要想摆脱它们，我们只需把那些束缚心灵的画面、感受、怨恨、恐惧、依赖和失望全部放手。

美国内观禅修大师　杰克·康菲尔德（Jack Kornfield）

哀悼失落的童年

朱迪（Judy）恨她父亲。

他从来没有拥抱过她，欣赏过她，从来没有参加过家长会，也从来没有牵过她的手。他更喜欢家里的男孩们。

受到这样的对待，朱迪很愤怒。想到父亲应该待她的样子，朱迪又感到非常难过。这一切让她很压抑。愤怒、难过、压抑，所有这些情绪都在深深地折磨着她。

事实上，就算朱迪只是个跟父母住在一起的十几岁的孩子，这种情况也非常严重，更何况她已经63岁了。她在愤怒、受伤和失落当中煎熬了 50 多个年头，这令人难以想象。

为什么一位 63 岁的老人会因为过世已久的父亲感到苦恼？为什么我们要反复诉说那些和现在一点儿关系都没有的陈年旧事？为什么我们能把这些情绪、记忆和过往的伤痛保留这么久？为什么它们对我们的影响这么大？难道我们不能放下过去，继续向前吗？

接下来让我们分析过去的事件可能对你现在和将来造成的影响。

首先声明一点，你内心的某个自我可能想跳过这一章。回首过去、检视你与父母的关系（包括过去和现在），比讲述当前的压力和生活难得多。

但当你最终把这些往日的记忆释放掉时，你将体验到前所未有的轻松。在我见过的治疗当中，针对童年经历进行治疗往往能获得更加显著和持久的疗效。那些你认为是当下的问题（比如肥胖、财务、情感关系）往往深植在童年的经历中。

身体与童年创伤

童年时期的创伤、未解决的事件、未处理的情绪并不只在精神和心理的层面影响着我们，它们对身体的影响也是巨大的。凯泽永久医疗集团（Kaiser Permanente）和美国疾病控制与预防中心（Centers for Disease Control and Prevention）针对负面童年经验做了一项规模庞大的实验。实验人员分析了 17 000 个成人的病历，最终发现：未经处理的童年创伤与许多躯体症状存在着直接联系，包括心脏病、癌症、糖尿病、中风、高血压、骨折、抑郁症和吸毒。

与负面童年经验得分为 0 的人相比，得高分的人抽烟（高出 3 倍）和自杀（高出 30 倍）的可能性更高。此外，许多受试者都超过了 60 岁，这表明，童年经验在几十年后仍然影响着身体。

这一发现被许多研究证实，包括勒妮·D. 古德温（Renee D. Goodwin）和默里·B. 斯坦（Murray B. Stein）在 2004 年所做的研究《美国人童年创伤与成年躯体疾患的关系》（*Association Between Childhood Trauma and Physical Disorders Among Adults in the United States*），其中提到：

> 童年时期受到的身体虐待、性虐待、漠视与成年后患各类躯体疾病的风险升高相关，这一相关在统计学意义上是显著的。具体分析受试者的人口学特征、终生焦虑障碍、抑郁障碍、酒精和药物依赖及各种心理创伤后发现：童年时期受到的身体虐待与患肺病、消化道溃疡和关节炎的风险升高相关，童年时期受到的性虐待与患心脏病的风险升高相关，童年时期被漠视与患糖尿病和自身免疫性疾病的风险升高相关。

身为内科医生和畅销书作者的加博尔·马泰（Gabor Maté）说：

> 大多数乳腺癌患者都存在长期潜藏的心理压力，这些压力来自童年经历、早期情感模式和无意识的心理应对方式，容易让人患上各种疾病……研究发现，有以下情况的女性更容易罹患乳腺癌：童年时期与父母情感联系微弱的女性；有

压抑（尤其是愤怒情绪）倾向的女性；成年后缺乏良好情感关系的女性；奉行利他主义，有强烈照顾他人倾向的女性。

以上这些实例表明，科学研究正在不断证实身体状况与心理健康之间的联系，同时，我们对情绪在生理上如何表现也有了越来越多的了解。

看了上面的两段话，你可能会想这些对你不适用，你没有任何被虐待的经历。有时对我们影响最大的并非是重大创伤性事件。我的朋友同时也是情绪释放专家的卡罗尔·卢克（Carol Look）说："创伤有大也有小。"

重大创伤是我们生活中的重大事件，比如车祸、地震、火灾和恐怖袭击。微小创伤是长期积累的创伤体验，我们常常感觉不到它的发生。如果你成长于一个酗酒的家庭，父母总是责骂你，又或者在学校总受欺负，那么你很可能会体验到一连串微小的创伤。这些创伤叠加起来，就会成为一个重大创伤。

在继续这个话题前，我首先要提醒：尽管情绪释放疗法非常有效，也非常安全，但只有你自己才知道哪件事处理起来不会让你太难受。如果仅仅想到童年时期的某件事，你的身体就会发抖，恐怕你不适合自己单独做敲击治疗。对于这样的重大创伤，你应当寻找情绪释放治疗师，或者经验丰富的情绪释放疗法践行者，他们有处理类似重大创伤的经验，也能给你带来安全感。

你可以在下面这个网址中找到情绪释放疗法践行者名单：www.thetappingsolution.com/eft-practitioners。

如果你想使用情绪释放疗法帮你的朋友或者家人治疗，也要记得上面的提醒。你可以把情绪释放疗法的步骤教给他们，然后和他们一起针对各种各样的事情进行敲击治疗，并为他们提供支持和帮助。不过，如果敲击进行到似乎有些不安全的阶段，而你又没有足够的经验，或者目前的情况让你感到很不舒服，那么这时你就需要向外界求助了。

童年创伤塑造了我们

我们已经知道了童年经历可能对身体造成影响，但受儿童时期创伤影响的不只是身体，而是我们的全部，包括思维模式、信念、习惯和情感反应。

我们对世界的认识绝大部分形成于 7 岁之前，7 岁前发生的事会在心里留下持久的印痕，这些事件塑造了我们的人格，也就是我们对世界的认识和看法。为什么有的人能愉快、满足、充满激情地度过一生，有的人却一直在挣扎、没有安全感，认为这个世界充满危险、幸福可望而不可即？通常，这些都是由幼年时期的经历决定。

索尼娅（Sonia）来自佛罗里达州（Florida），是一位情绪释放疗法践行者，她在财务上遇到了一些问题，于是来找我治疗。

在财富、自己的能力和世界观方面，索尼娅都有一些束缚性信念。她已经针对其中的一些信念进行过敲击治疗，但是她感觉效果不够深入，没有触及问题的根源。所以，她只是暂时地好转了一些，随后又跌回固有的模式当中。

与她交谈过后，我发现虽然在金钱方面她确实存在着很多束缚性信念，但还有来自童年的更深层伤痛。她跟我讲述了一段她经常回忆起的生动记忆：她的母亲曾经酗酒，家里非常困难。有一天，她走进厕所，看见母亲在流血，手腕上的血管已经割开。她的父亲也在里面，两只手紧紧地按着母亲的伤口，好让她不至于死去。尽管在索尼娅看来，这段回忆已经模糊，但我知道，它依然影响着索尼娅。

我告诉她，尽管我们可以针对财务方面的束缚性信念进行治疗，但直觉告诉我，我们应当首先把注意力放在这件事以及其他的童年创伤上。我问她是否有足够的安全感回到过去的创伤中，索尼娅坚定地给出了肯定回答。我一直都认为，在处理比较棘手的问题时，最好先让来访者自己作出选择，而不是一头扎进治疗中。确认来访者是否有足够的能量面对往事，这点很重要，它往往能够成为治疗的驱动力，从而提升治疗效果。

索尼娅开始了治疗，按照她自己的节奏从一处移到下一处。在这期间，我让她尽可能细致地描述母亲当时的情况。她讲述之后，我又进一步询问她当时的感受、看到的情景、闻到的味道等，为的是尽可能获得更多细节。当她把整件事情讲完，我又让她再跟我讲一遍，讲完后，我又让她再讲一遍，然后是第 4 遍，第 5 遍。每讲一次，我都会询问更多的细节和感受。

期间，我问她：“这件事给你带来了怎样的启发？”她回答说：“我从没感觉到安全。母亲随时都可能去世，我很担心她。”

指点迷津

用放电影法处理过往事件

放电影法是由加里·克雷格发明的，这一方法可以详细追溯某一事件，而不至于在泛泛的描述中简单重复。想象一下，你正在讲述电影中发生的事。电影都有开头、高潮和结局，还有中心人物，以及他们说的话、做的事。在情绪释放疗法治疗中，我们可以使用放电影的方法处理过往的具体事件，从而将卡在那里的能量释放出来。

放电影法的好处之一在于，你不必把事件的具体细节大声说出来。你可以一边敲击，一边想象。关键在于此时你要把注意力集中在这5个地方：画面、声音、感受、身体触觉及剧中人物的想法，在合适的情况下，还得注意你的嗅觉和味觉。下面这些问题会帮你展开想象。

你的小电影持续多长时间？

你得确认它是简短的，不要超过3分钟。一般说来，电影里主要的创伤情节只持续几秒钟。如果你的电影情节有好几次高潮或者好几个创伤，你就要尽可能地把它剪成3分钟以下的小片子。

小电影的片名叫什么？

为你的小电影起一个独特的片名吧。

现在，你要治疗的具体事件已经被拍成了有片名的小电影，下一步就要在你的脑海中播放了。想象电影情节时，用主观焦虑评分为你此时的感受打一个 0 ~ 10 分的分值。如果你不敢看得太仔细或者太深入，你也可以猜测一个仔细看时的分值。

接下来，一边在脑海里放电影，一边进行几轮敲击治疗。

之后你能感受到的分值，通常都会比开始时减少几分。

继续在脑海里放电影。这一次，从分值为 0 或非常低的地方开始，一旦某处让你感到焦虑值升高，就停下来开始敲击。这非常重要！大多数人和创伤共存太久，以至于回想事件时都忘了自己的感受。不过现在不会了！运用情绪释放疗法时，只要感到焦虑值升高，我们就能利用这个机会开始敲击治疗。

再次在脑海里放电影，从头到尾，只要焦虑值升高，就停下来敲击。继续，直到你能在焦虑值不升高的情况下看完整部电影。

最后，把电影再在脑中放一遍，这次让场景、声音和色彩都夸张些，尽力去寻找那些负面的感受。如果你发现焦虑值重新升高，那么就停下来继续敲击！

注意：大声地说出电影中的事件，就像你正在讲给朋友听一样，这样做效果会更好。一定要在你感觉不舒服的地方停下来，哪怕只有一点点不舒服，停下后，随即开始敲击治疗，直到焦虑值降为 0。接下来，从刚才停下来的地方继续向后讲述。如果你不想出声，就安静地敲吧，只要在脑中想象这些情节就好。当然，如果你能把看到的场景和感受到的情绪描述出来就更好了，不过，这些全部由你决定！

索尼娅和我针对她的记忆进行敲击，她把过去的事情描述了一遍又一遍，直到能平静地看待这件事。我让索尼娅闭上眼睛敲击。这样更放松，她也能更有效地回忆。如果你发现自己容易分心，也可以试着在敲击的同时闭上眼睛。

清除母亲割腕这件事后，我又让索尼娅分享了更多童年经历，然后我们再对其进行了敲击治疗。我让索尼娅尽力回忆母亲每次喝醉后的情形、每一次担心母亲会死的情形，以及与她苦难童年相关的每一个情形。接下来，我们针对这一大堆负面事件进行敲击，而不是一件件地单独治疗。

这是一次情感之旅，也是一次眼泪之旅，更是一次解脱后的欢乐之旅，在对过往记忆进行敲击治疗的这 45 分钟里，到底发生了什么呢？我会让索尼娅用自己的话告诉你：

与尼克一起紧张治疗后，当晚我感觉筋疲力尽。我觉得自己非常平静、非常柔软。我的家人也注意到我特别安静。我终于安静了下来。我很早就睡了，整整一晚，我似乎总是梦到一句话：“我觉得自己很安全。”这句话是我和尼克一直试图说服自己的，它一遍又一遍地出现在我脑海里，我也一遍又一遍地反复确认。我并没有刻意这样做，整个过程都很自然。

之后，我度过了多愁善感的一周，在那一周中，我都觉得很累，很想睡觉，睡很多很多觉，我知道这是一种健康的需要。现在，我觉得身心清爽，仿佛一切都很明朗，我的饮食偏好也改变了，不再总想吃甜食了。我的注意力完全放在了当下，我清晰地觉察到，我对遇到的每一个人都充满了善意和关爱。

我还想说说其他几件事。对于财富，我不再感到焦虑，无论是想到财富、谈论财富，还是获得财富。上周五晚上，我应邀出席了一个小范围的演讲会，有 25 位女性参加，我感觉非常棒。过后，她们当中的 4 位又邀请我为她们讲讲情绪释放疗法，其中一位已经成为我的客户。

我正在写自传，并为它取好了书名，而且我也在建设我的网站，此外，我还制作了辅导情绪释放疗法的名片。

这真是一次令人惊异的体验。现在的我每天都过得很充实，从幸福、快乐和爱的角度来看，我的身体、头脑和心灵全都不一样了。

你读完这封来自索尼娅的电子邮件后，是否也在想："真的吗？仅仅做一次 45 分钟的治疗就能有这么大的变化？"我也很惊奇她有这么显著的改变，可事实就是这样！我们在第 1 章中已经提到，情绪释放疗法确实能重塑人的大脑和身体，当你找到问题的根源时，你就可能获得令人吃惊的转变。

你可能还有疑问：为什么我们针对索尼娅童年发生的事进行治疗，就能转变她现在的财务状况呢？尽管现在还无法确切地解释其中的原因，但我相信，当我们找到并治疗了根源性的事件和想法时，生活的其他方面就能顺理成章地获得改变。

这就像电脑的操作系统，用过几年后就会变得越来越慢，越来越容易死机，而且总出差错，你有这样的体会吧？童年时期的创伤就是这样的旧系统！而经过敲击治疗后，我们重新安装了一个健康、快速的新系统。

在生活中，安全感强的人比没有安全感的人洒脱得多，他们能更加自信地与他人交往，更愿意投入广大的世界，更能承受情感关系的负荷，也更愿意冒险，因为他们有一个安全的大后方，所以现在索尼娅能在演讲会上推广她的业务。

那些想说却不能说的话

把注意力放在每一个具体记忆积存的能量上，这只是治疗童年创伤的方式之一，另一个行之有效的方式是让来访者把童年想说却不能说的话说出来。孩子们常被要求保持安静，不能讲话，大人又常常觉得他们的想法不重要，而孩子们往往也无法明确地表达他们的感受，尤其在面对老师等大人物时，他们更不知道如何表达。

还记得朱迪对父亲的怨恨吗？她把感觉告诉我后，我让她大声说："我恨父亲！"然后再根据这句话与现实相符程度和情感强烈程度给出一个评分。你可以猜得到，对她来说，评分已然超过 10 分。即便是在她说问题描述语的时候，我也能感受到她汹涌的怒气。所以我们只能进行最基础的敲击治疗：尽管我恨父亲，但我还是全然地接纳我自己。

接下来，我们要按顺序敲击穴位，同时说出提示语：我恨父亲。

在敲击的过程当中，她情绪激动地大声说着提示语。我告诉她持续地按顺序敲击穴位，敲完一轮接着敲下一轮，同时不断重复相同的提示语：我恨我父亲。

她这样持续敲击了至少 20 分钟，同时一遍又一遍地重复着提示语，根本不需要我的鼓励。她对父亲的恨如此强烈，我都震惊了。同时，在不断敲击的过程中，我能察觉到她的情绪在起变化。一开始，她的愤怒是真实的、粗暴的，随着不断敲击，这种愤怒逐渐转化成了忧伤。

朱迪必须把她积压已久的情绪表达出来，这个过程就像小孩发脾气，先把压抑的情绪全部释放出来，接着力度降低，最后筋疲力尽。好在朱迪一边表达情绪，一边在敲击，这样负面的情绪就能被清除，身体也能逐渐放松，同时大脑的边缘系统也能得到重塑，从而进入全新的反应模式。

当朱迪足够平静后，我让她想象把自己的具体感受告诉父亲，同时不必担心有任何糟糕的后果。接下来，朱迪诉说了她因父亲不爱自己产生的深深忧伤。她说她很难过，说她不过是个需要爱的孩子。她问父亲："为什么你不能像爱哥哥和弟弟那样爱我？"她一边哭，一边敲击，一边诉说内心最真实的想法。终于，她找到了一句她从来都没想过的话："我值得！我值得被爱！"

几个星期后，我回访朱迪。她说她从来都没有感受过现在这样的轻松、自由和幸福。这些天来，她都在想念父亲，发现自己是那么爱他！确实，当我们治疗了过往的伤痛时，我们对生活的整个体验都会发生改变。

指点迷津

未说出的话

我发现，治疗童年伤痛最有效的方式之一就是让来访者回到当时的情境里，把当时想说却没能说出的话说出来。

首先，回到记忆中的场景，用放电影法在脑海中反复播放。然后，选择合适的时机，把当时想说却没说出的话大声说出来，一边说，一边按顺序敲击穴位。跟着直觉走，把你真正想说的话说出来，在治疗当中，你可能听得到他人的回应，根据情况作出反应即可。继续一边说一边敲击穴位，直到你感觉话已经说完，创伤已经愈合时为止。

这一治疗可以帮助来访者认识到，他们是否愿意与记忆中的当事人讲话。例如，我有一位来访者曾经被她哥哥强暴，在治疗中，这位来访者一边想象，一边把她的感受全部表达出来。她说他的行为让她很受伤，对她整个人生影响非常大。

治疗结束后她告诉我，那些话已经在她心里憋了好多年，现在能说出来的感觉真好。她还说之前一直没有决定是否要跟哥哥当面谈谈，现在她觉得她会作出对双方都有利的决定。

拥抱童年的那个自己

在我治疗瑞秋（Rachel）时，我更加明确了一件事，那就是我们会把创伤积压在身体里。瑞秋想解决她和丈夫的夫妻生活问题。她很爱丈夫，他们看上去相处得也很好，唯独夫妻生活很不如意，只要丈夫碰到她身体的特定部位，她就会害怕得往后缩，不仅阴部，就连大腿外侧、后背和臀部外侧也碰不得。

这件事让她感觉非常糟糕，她的内疚感更是让局面雪上加霜。我问她是什么事情引发了这种惊恐反应，她说只模模糊糊地记得一点，其他的则完全想不起来。这往往是童年创伤的反应。来访者说："我就是记不起来了。"这时，你必须发挥一下创造力，想办法把事情弄清楚。

我突发奇想，让瑞秋把自己画在纸上，再把感觉不舒服的部位标出来。这么做纯粹出于直觉，也许我想通过画画帮她接近那个童年的自己。瑞秋在纸上做好标记后，我让她将这些部位从最不敏感到最敏感排列出来。接下来，我们开始针对最不敏感的部位进行敲击治疗。我们所使用的问题描述语是：尽管我不愿让别人碰我的胳膊，但我还是全然地接纳我自己；尽管别人碰我的胳膊会让我感到很害怕，但此刻我还是选择放松。

我让她想象有人摸她的胳膊，同时继续敲击穴位，直到她能够适应这种想象中的触摸，不再感到恐惧或害怕。接下来，我们继续针对其他所有部位做了上面的治疗。之后她说轻松了很多。然后，我问她是否真的想彻底解决问题，她说："真的想！"

这里要提示一下，我下面要进行的并非是传统的治疗，我本身就是非传统的！我的治疗是一种辅导或训练，我不是有执照的治疗师，只是在情绪释放疗法方面积累了一些经验而已。我这么做仅仅是出于对他人的关爱，而且碰巧我和瑞秋关系比较特殊，所以我们尝试了一些非常规的做法。不管怎么说，我立志助人，为了得到结果，我会尽我所能。

为了真实地了解瑞秋的状况，也为了更深层次清除她的创伤，我让妻子布伦娜（Brenna）来帮我。布伦娜跟瑞秋的关系也很好，那天正好在家。我问瑞秋，是否可以让布伦娜轻轻触碰她的胳膊，瑞秋同意了，于是在瑞秋敲击穴位时，布伦娜碰了碰她的胳膊。一开始，瑞秋的胳膊稍往回缩了缩，不过随着不断敲击，她逐渐放松下来了。

治疗继续进行，一轮接着一轮，直到瑞秋的胳膊不再敏感为止。最后瑞秋说："感觉挺舒服的！" 这正是对充满爱意的触摸的正常反应。接下来，我们继续治疗了其他敏感部位（当然，只限于此情此景下适当的部位），其中一处是胸部外侧。

瑞秋说如果有人碰那儿，她会非常生气。于是，我让瑞秋敲击穴位，同时想象有人触碰了那儿。她适应之后，我让布伦娜尝试着触碰她那儿，瑞秋笑了一下，不过紧接着，当布伦娜抓住那个部位后，我看到瑞秋脸上露出了愤怒，瑞秋也觉察到了自己的愤怒。接下来，我们继续敲击，敲了一轮又一轮，直到那个部位不再敏感。随后布伦娜再次抓住那个部位，这次瑞秋没有愤怒。

我们治疗的最后一个部位是大腿外侧，在这里我们遇到了不小困难。只要布伦娜碰到瑞秋的腿，瑞秋立刻如灵魂出窍般僵在那儿，无法思考，也没有感觉，于是治疗就卡在这里了，继续敲击似乎也不管用。我不得不重新把她拉回现实，然后继续尝试。

我让布伦娜胳肢她，这惹得瑞秋发笑，于是她又回到现实中来。我们继续敲击，然后布伦娜再次触碰她的腿。当瑞秋再次僵住，我又让布伦娜胳肢她。就这样反复多次，直到她不再“灵魂出窍”。最后她终于能完全接受布伦娜触碰她的腿了。同之前一样，她又说道：“感觉挺舒服的！”

之所以如此详细地讲述这次治疗，是因为我见过很多女性害怕别人碰触她们的身体。害怕肢体接触（无论是性的，还是纯友谊的）对任何人来说都是巨大的损失，我们的身体原本就是要被碰触、抚摸和关爱的。有研究表明，被抱得少的婴儿不如其他婴儿健康，他们不会像被关爱、被滋养的孩子那样茁壮成长，这一点也不会因为长大成人而改变。

治疗之后，瑞秋情况如何呢？她没有花太长时间就从我们的治疗当中获得了显著改善。第二天，她打电话给我，兴奋地宣布她和丈夫刚刚度过了一个销魂的夜晚。她从来没有体会到如此被爱、被呵护的感觉！

同情为理解打开一扇门

在治疗他人童年创伤的过程中，我的共感和同情能力得到了极大的提升。我已经从太多人那里听来了太多的伤心事和太多痛苦，每当看到有人大发雷霆、愁苦、粗鲁、令人失望或以某种方式伤害我、伤害这个世界时，我就在想他们很可能经历过重大创伤。他们这样做只不过是在对创伤作出反应，这是他们所知道的唯一能做的事，当然，这并不是说负面行为就是合理的。

同情确实为更深的理解打开了一扇大门。当伴侣不想跟你亲密接触时，你可以问：“怎么了？发生了什么事？”而不是感到被排斥，于是愤怒、难过。当别人劈头盖脸地冲你发火时，你可以问：“怎么了？发生了什么事？”而不是以眼还眼、以牙还牙。我们都有需要治疗的伤心事，我们可以用情绪释放疗法把它们医治好、排遣掉，然后为我们和所爱的人创造一个崭新的未来。

还有，不要忘记同情我们自己和过往经历，不要因为自己没有达到某种要求就苛责自己。而是要问自己：“怎么了？发生了什么事？”并且给予自己关爱和同情。

指尖敲出丰盛

建立深层安全感

加里·克雷格创立的安全感建立法有两个步骤：首先把生活中经历过的所有不愉快事件罗列出来，然后再对它们施以系统性的敲击治疗。当你找到了事件中的情感包袱，并把它们清理掉时，你头脑和心灵的冲突就会越来越少。冲突减少，安全感就增加了，身体和心理的痛苦也就减少了。详细步骤如下：

1. 为你的生命设定一个时间轴，然后适当地分成几个时间段，比如出生、0～5岁、6～10岁等。

2. 在每个时间段填上你能记起来的所有不愉快的经历。如果你填了100项或更多，不要惊讶，生活了这么些年，哪能不遇上点烦心事？对于具体的事件，只要主观焦虑评分达到 4 分，你就应该把它填进去。分值低的事件可以留待日后治疗，先挑主要的治疗，通常当主要事件得到治疗后，小事件的焦虑程度就会降低。别忘了小时候的玩伴和所有曾经和你同住一个屋檐下的人，还有从幼儿园到大学的所有经历，以及其他各种各样的创伤、疾病、事故等。你从这些事件和关系当中学到了什么？你怎样描述它们？通过这些事件和关系，你怎样看待自己？怎样看待别人？怎样看待这个世界？请记住，你能通过敲击治疗把从中学到的负面东西清除掉。在搜寻具体事件的过程中，你可能发现有些事并没给你现在的生活带来不愉快，没关系，填进去。事实上，既然你想起了它们，就说明它们需要你做一些处理。

3. 为每个事件打一个分值，10 分的事件是最困扰你的。

4. 从分值为 10 的事件开始依次进行敲击治疗。一定要注意随时涌上心头的更深层的记忆和情绪，这些也要接受敲击治疗。

5. 在敲击的过程中，新的记忆可能会浮上心头，给它们评一个分值，然后加到事件列表里去。

6. 制定一个治疗计划，每天针对其中的两三件事情进行敲击治疗。这样你就能用 3 个月的时间轻松地把所有事件解决掉。把你感受到的所有变化都记到日记里，如身体的好转、情绪的改善、与他人关系的转变等。回忆治疗完毕的某些事件，感受先前异常严重的事件如何变得不值一提了。

专家简介

医学博士埃里克·罗宾斯：热心的践行者

埃里克·罗宾斯博士是一位经过美国医学会认证的泌尿外科医师，就职于洛杉矶（Los Angeles）的一家大医院。在过去13年中，罗宾斯博士运用情绪释放疗法成功治疗了很多病人。

早在进入医学院前，罗宾斯博士就对替代疗法（Alternative Medicine，常规西医治疗以外的补充疗法，一般包括冥想疗法、催眠疗法、顺势疗法、按摩疗法、芳香疗法、维生素疗法等，传统的草药和针灸也归在其中。——译者注）充满了兴趣，因为他的家人患有慢性病，而常规治疗不起作用，反倒是替代疗法疗效更好，成为实习医生后，他开始出现慢性疲劳症状，与家人的慢性病一样，这也是替代疗法比较对症的疾病。

1998年，罗宾斯博士第一次学习情绪释放疗法，于是决定在自己身上做试验，他想让自己精力更充沛，而结果让他大为吃惊。之后，他注意到，有些病人患上了尿路感染，而另一些病人却没有，尽管这些病人近期都有过性生活。他进一步发现，发生尿路感染的病人通常都经历过某种程度的精神创伤。他意识到，如果要治好这些病人，就得医治他们的精神创伤，情绪释放疗法正好有用武之地！

据他估计，大约90%的病人都有精神创伤，这些创伤不是加重病情，就是阻碍治疗，于是，他更深入地研究心理能量释放的各种方法，并开始在治疗病人时使用情绪释放疗法。

他说："情绪释放疗法是最好的心身治疗技术，因为它起效快且容易应用。"

谈话当中，罗宾斯博士乐于帮助病人的心情溢于言表。他跟我讲述了第一次应用情绪释放疗法治疗病人的情形。这位病人是越战老兵，患有严重的创伤后应激障碍。

"他夜里经常在恐惧中惊醒，"罗宾斯博士说，"我们开始针对他在越南最受伤害的事件进行敲击治疗，直到他能比较中立地看待那件事情。几个月后，我在一次聚会上见到了他。他妻子对我说他好多了，夜里不再惊醒了。"

罗宾斯博士澄清道："如果有病人来，出于职业的原因，我会先运用传统医学把器质上的病变排除。不过，我始终认为人的身体有神奇的自愈能力，如果病人把身体中积聚的不良情绪和创伤性事件清除干净，那么他的躯体疾病就能得到治愈。"

罗宾斯博士跟我讲述了另一个不可思议的治疗结果。一位病人 40 岁出头，患有尿潴留，常规治疗对他不起作用。我见到他们夫妻不到 5 分钟，他妻子就提到了发生在丈夫身上的一次创伤性事件：她丈夫 5 岁时，在看病的过程中受到了惊吓，从此留下了深深的恐惧。

罗宾斯博士立刻为这位病人进行了敲击治疗，清除了他早年所经历的创伤。之前他的身体长久处于过度紧张和恐慌当中，以至于影响了健康。在接下来的两周里，他的病症完全治愈了。

想象一下，如果全国的医生甚至全世界的医生都能用罗宾斯博士的方法治病，那么，不仅疾病治疗得快，而且整个医疗体系，包括过高的医疗费用和常常不尽如人意的治疗结果，都能得到巨大改观。

第6章

失衡的身体

HEALING THE BODY

没有负面情绪的积压，将来就不会有它们转变成的疾病。

情绪连接着身体和头脑，在其中往复，并影响二者。

美国神经科学家　甘德丝·柏特（Candace Pert）

失衡的身体

“哈哈，很有意思，尼克！”

这是妹妹第一次进行敲击治疗时的反应。我得承认，作为哥哥我总是遭到她的怀疑，因为这些年来，我和她开了不少恶作剧玩笑。不过这一次情况有些不同，因为我是真的想帮她。

这是十几年前的事，当时我刚接触这种“奇怪的敲击治疗”。她跟我抱怨说嗓子疼，鼻子也不舒服，同时还浑身乏力，喘不上气来。我问我妹妹是否愿意尝试一下。当我把敲击方式和部位教给她时，她又开始满心怀疑起来，在脑袋和身体上敲打几下怎么能对付普通的感冒病毒呢？我安慰她说，情绪释放疗法不是旁门左道，它确实能帮她缓解症状。我妹妹听后眨了眨眼，然后同意尝试一下。

我们首先针对她的症状开始敲击，几轮过后，她感觉好了一些，主观焦虑评分从 10 分降到了 8 分，但这个效果还不够好，于是我问她最近有没有什么烦心事。

她说：“亚历克萨（Alex）哥哥叫我帮他刷房子，我真的不想刷。我 21 岁了，还得刷房子，真讨厌，我真的不想刷。”

我们针对她在刷房子这件事上的情绪进行了敲击治疗。结果没几分钟，她的鼻塞和咽痛就全部消失了，主观焦虑评分从 8 分降到了 0 分！

我做了无数次的敲击治疗，也一次又一次地见到了这样的结果。我把这种结果称作杰茜卡所说的“一分钟见效”。通常是 15 分钟见效，不过谁会去数呢？这种情况经常发生在简单的躯体症状上，比如嗓子疼、肚子疼、头疼等。但和情绪释放疗法所能治疗的所有问题相比，这些症状仅仅是冰山一角。在这一章里你会见到，对于更复杂的病症，情绪释放疗法同样疗效显著。

探寻身心合一的奥秘

人们往往会说：这怎么可能呢？敲击穴位怎么能疏通鼻塞？更不要说治疗严重的疾病了。

从法国哲学家、现代医学奠基人勒内·笛卡尔（Rene Descartes）的时代起，传统西方医学一直很排斥心身联系这一概念。历史记述，当时教会恐惧任何对情绪和情感的研究，因为这可能会对信众的信仰产生威胁，而这将极大地削弱教会在当时拥有的绝对权力。

为了能够解剖尸体（在当时，解剖是亵渎神的行为），笛卡尔不得不与教皇达成协议，只研究身体的物质部分，不研究思想和情感。

笛卡尔与教会订立的规则把人分成了身体和心理两部分，这两大阵营割裂了几百年。从那时起，人们普遍认为身体和心理做着不同的事情，它们虽然共存于同一个身体，但井水不犯河水。直到 20 世纪 60 年代，反主流文化运动在一夜之间兴起，它激发了人们探索东方智慧的兴趣，很多人开始接受身心合一的观念。但没过多久，人们对身心二元论产生了怀疑。

最近几十年，这种趋势进一步发展，包括按摩、针灸、整体疗法和快速发展的情绪释放疗法在内的替代疗法正被越来越多人接受。美国国立卫生研究院（National Institutes of Health）于 2009 年所做的一项研究发现，美国人每年花在替代疗法上的金额达到了 340 亿美元，这说明越来越多的美国人正在寻找心身结合的疗法维持健康。

“心身联系”到底指什么？它是“真正的科学”吗？还是一群人在乱吆喝？

事实上，你已经见过真实的心身联系，只是那时你还小，不能理解这个概念。还记得小学老师第一次叫你名字，全班同学都掉过头来盯着你看的情形吗？我打赌你当时肯定跟我一样脸红，这是因为心里感受到的尴尬使面部血管扩张，所以脸羞成了红苹果。

脸红是常见的现象，所以我们从来不问：血管怎么知道你不好意思了？那个时刻它们如何了解到你的情绪？

国际知名的演讲家、《情感的分子》（*Molecules of Emotion*）的作者兼药理学博士坎达丝·珀特（Candace Pert）能回答上面的问题。20 世纪 80 年代，在美国国立卫生研究院任主任的她率先研究精神神经免疫学（Psychoneuroimmunology），并发现了“身心灵”（Bodymind）的科学依据。感谢珀特的研究，现在我们才能更清楚地了解，无意识念头对健康、幸福和心身疾病（Psychosomatic Illness）影响巨大。

根据“心身疾病”一词我们就能猜出她的理论观点。“psycho”当然是指心理，而“somatic”指的是身体，字面意思就是“心身”。20 世纪 70 年代，珀特的一项研究为她日后的成名奠定了基础。她在细胞表面测量到一种叫作阿片受体（Opiate Receptor）的分子（对科学家来说，测量是一个黄金准则，珀特通过测量证明了阿片受体的存在。——译者注）。她在《情感的分子》中称，这些受体就像钥匙孔，它们与一种叫作肽（Peptide）的特定“钥匙”相匹配。她介绍道：“这种钥匙实际上是我称之为情感分子的重要组成部分。”阿片受体漂浮在细胞表面，就像莲叶漂在池塘上一样，当它们跟自己完全匹配的肽结合后，细胞的活动就会发生改变。换句话说，在任何时候，细胞的活动都能根据所结合“钥匙”的不同而发生相应的改变。珀特解释道：“简单说，这些分子水平的生理现象能够转变为细胞和身体的活动，甚至引起情绪改变。”

这些年，珀特博士在世界各地巡讲，她已经成为许多人心中的偶像，其中包括替代疗法治疗师、传统医生等。她的研究还在不断为我们的认识和治疗创造新的可能性。珀特坦白说她从没否定西方医学，她只是想与其展开对话，并将“身心灵”运用其中。

卡住的情绪能量

我们已经知道压力对心理的影响巨大，那再来看看压力对身体的影响。在第 1 章中，我们已经讨论了身体的应激反应。杏仁核感知到危险，然后拉响身体内部的警铃，激发身体释放肾上腺素和压力荷尔蒙皮质醇。从生物学角度看，这一反应得以让我们躲避特定的短期危险，因为大量释放的肾上腺素和皮质醇使身体具有了迅速反应的能力。你的血压和心率上升，更多的富氧血等待着供给大脑和肌肉，你的感觉更为敏锐，身体也更为灵巧，这样你就能用最快的速度保护自己。无论你打算停下来同危险搏斗，还是一阵风似的跑掉，你的身体都需要这种能力。

然而，今天人们面临长期的压力，这与上述情形完全不同。在身体看来，我们像永远被老虎追赶着一样！尽管我们的身体生来就装备着一系列保护系统，诸如免疫系统、血脑屏障，但它们并不适应长期处于战斗或逃跑状态。今天我们面临无穷无尽的烦恼，如房贷、工作压力以及繁重异常的日程表。对绝大多数人来说，压力源永远排着长队，一个刚解决，另一个就迅速补位。这就好比你刚刚摆脱了一只老虎，另一只又跟了上来。你的身体当然无法永远处在高强度的战斗或逃跑反应中。随着时间的推延，这种长期压力就会干扰你的身体，如导致体内环境失衡。

在身体平衡状态下，具有刺激作用和镇定作用的荷尔蒙和化学物质会大致平衡，而在长期压力下，身体无法达到平衡状态，于是荷尔蒙和化学物质就会失衡。

从生物学的角度看，身体处于失衡状态是很不利的。长期压力与心脏病、失眠、消化系统疾病、偏头痛、抑郁、肥胖、记忆力下降、性功能不足、不孕不育、躯体疼痛、皮肤病和免疫力下降等病症都有直接的关联。据美国家庭医生学会（American Academy of Family Physicians）报告，家庭医生接待的患者中，2/3 的症状都与压力有关。一项研究显示，遭受重大压力困扰、同时又缺乏情感支持的中年男性比遭受同样压力困扰但享有亲密关系的中年男性在未来 7 年更易死亡。另一项研究表明，压力管理可降低罹患心脏病的风险。对心脏病患者来说，它或许能让心脏病发作的风险降低 75%。

在压力的长期侵扰下，我们的身体很容易失衡，从而变得无法正常运转。然而，西方医学让我们把注意力放在症状上，而非问题的根源上。

回想上一次感冒，你是不是鼻塞、咽痛、不住地咳嗽、心情不好、希望感冒早点结束？为了让自己早点好起来，你可能会多睡一会儿，同时服用维生素或吃一些非处方药。你的朋友、同事和家人也会安慰你说，很快就会好的。

你可能已经有意无意地把感冒归结为“压力山大”，然而，当你忙不迭地疏通鼻子、止咳祛痰时，你就无法真正关注自己的情绪了。也许身体需要的不是治疗“鼻塞、打喷嚏、咳嗽、咽痛、发烧、睡眠不良”的药，也许它真正需要的是消除“恐惧、内疚、愤怒以及当时你所感受到的所有负面情绪”的药。治好我妹妹感冒的可能正是第二种药：针对刷房子事件引发的负面情绪进行的敲击治疗。

“普通感冒”看似没什么大不了，但实际上西方医学到现在仍然无法治疗它。从科学角度讲普通感冒仍然是一个未解之谜。我还没有听说，哪一种西药、中药或其他治疗方法能在很短的时间内把杰茜卡的症状全部消除干净。

让我们再想远一点。如果卡住的情绪能量导致严重的、甚至威胁生命的失衡病症，它是否也能导致其他病症？我已经在第 1 章中介绍过，科学已经发现，情绪释放疗法能降低压力荷尔蒙皮质醇水平。问题是情绪释放疗法是否能治疗比普通感冒更恐怖、更难治的其他失衡病症呢？

敏感的身体

还记得得克萨斯州的乔迪·麦克唐纳吗？我们在她家见到她时，剧烈的纤维肌痛正折磨着她。夜间，她一般要疼醒 15 ～ 20 次，而且不得不放弃她喜爱的野外远足。她到处求医问药，可始终不见好转。

纤维肌痛是一种奇怪的病，很多人都可能得，其致病机理到现在也没有彻底弄清楚，更别说如何治疗了。摄制《轻疗愈》这部纪录片期间，我们开展了一场为期 4 天的敲击治疗工作坊，参加治疗工作坊时，乔迪几乎疼得无法忍受了。

乔迪的教练是情绪释放疗法践行者里克·威尔克斯。里克首先问乔迪，患病之前是否发生了什么重大的事情。她回答："是的。"她那长期与毒瘾作斗争的女儿不但怀孕了，而且艾滋病毒检测结果为阳性，所以那段日子她异常悲恸。里克又问她不能去野外远足是什么感觉，她回答："难过。"

里克带着她做了几轮敲击治疗，他不只关注乔迪的症状，还关注她的情绪。第一天的敲击治疗结束后，乔迪就能毫无痛苦地爬一小截楼梯了。当时她不敢相信情绪释放疗法能完全治好她的病，觉得这只是偶然现象，因为纤维肌痛确实偶尔会神奇地消失一阵子。

乔迪度过了一个极其舒适、疼痛全无的夜晚，接着又投入了第二天的治疗，她期待更多的指导和治疗。第四天治疗结束时，乔迪发现她又能自如地在户外走动了，而且还轻松地、毫无痛苦地走在我们队伍的最前面。让我感到高兴的是，她的这一转变完全被摄像机记录下来了，这是多么有力的证明啊！

在接触情绪释放疗法之前，乔迪跟很多慢性疼痛患者一样，总想做各种各样的治疗，希望能缓解疼痛。开始敲击治疗后，她明白了一件事，就是要让自己的节奏慢下来，然后倾听身体的声音。乔迪无法把女儿从毒瘾当中“拯救”出来，无法帮她脱离随后的悲惨境遇，悲伤和自责全都压在了她的身体中，尤其是膝盖上。通过敲击治疗，乔迪终于把这些情绪释放出来，于是她的身体康复了。

很多年过去了，乔迪的生活和往日完全不同了：她不再遭受疼痛的困扰，一觉睡到天亮；她轻松自如地在楼梯爬上爬下，充分享受整栋房子；她经常写作，已经写了好几本书等待出版。

乔迪的治疗效果能保持这么长久的原因之一在于，她一直在坚持敲击治疗。每天早晨她都会进行敲击，这不仅能够帮她达成积极的目标，还能帮她清除负面情绪。“没有负面情绪的积压，将来就不会有它们转变成的疾病。”乔迪说。

看到乔迪的转变，你很可能会想，是情绪释放疗法“治好”了她的纤维肌痛。在为期 4 天的敲击治疗工作坊中，她消除了膝部的陈年病痛，重新让身体充满了活力，8 年中头一回睡了个好觉。

从科学的角度讲，没人能说情绪释放疗法可以治病，不论是纤维肌痛，还是其他病症。人的身体极其复杂，在任何时刻，体内都在发生难以计数的变化，其中有好也有坏，而影响这些变化的因素也同样难以计数。

不过有一点是肯定的，那就是在释放体内积压的情绪能量方面，情绪释放疗法是一个非常强大的工具。就像你看到的那样，情绪能量在躯体上的表现可能会比我们原来认识的更明显。这种表现不只是发烧感冒，也包括了从原因不明的疼痛到甚是严重的各类疾患。

坎达丝·珀特对于“身心灵”的研究在不断地、确定无疑地提示我们，身体与情绪的联系很可能比西方医学认为的更密切。遗憾的是，我们关注的是病菌（美国人每年花费在抗菌皂上的费用约为 10 亿美元），而我们的身体或许对情绪更为敏感。

情绪造就命运

当我们开始谈论如何通过释放情绪能量来促进身体的疗愈时，可能会一下子得出这样的结论：是情绪造成了疾病。这又是一个误区。我们讨论的是心身联系，即心理如何影响身体，身体又如何影响心理。我的朋友兼畅销书作家克丽丝·卡尔（Kris Carr）很喜欢使用“参与”一词来描述情绪对疾病的作用。她认为，与其说情绪造成了疾病，不如更准确地说情绪参与了疾病的形成。我们的命运有情绪的参与，所以我们的身体状况、心理状况才会是今天的模样。

从另一方面说，释放情绪能量虽然能疗愈身体，但并不是说疾病就不会发生。比如，毒气肯定对你的身体有害。假如不小心吸进了一些，而你既冷静又放松，不像别人那样整天提心吊胆，你的身体就能更有效地解毒。总之，你能通过情绪释放疗法管理你的压力、焦虑和其他情绪，从而让其参与建设自己的健康和幸福。

参加敲击治疗工作坊时，唐娜的身心已处在极度疲惫的状态。在那之前的 6 个月，医生诊断她患有乳腺癌，她做了双侧乳腺切除，并且接受了 33 次化疗。不过唐娜来学习情绪释放疗法的目的并不是治病，而是单纯地为了想睡好觉。

从化疗开始，4 个月以来唐娜一直遭受失眠的折磨，常常几天几夜睡不着觉。不做化疗的时候，她夜里至少也要醒来 3 回。“那还是两片安眠药外加一片抗抑郁药的功效。”她解释说。

她从一个活跃的、精力充沛的女强人，变成了一个大门不出、二门不迈的人。她想让两个孩子重新找回“原来的那个妈妈”。唐娜说：“如果焦虑能少一些，平静和自信多一些，这就是我最大的福分了。”她又继续说道：“我已经告别了从前的生活方式，脱离了原来的社交圈子……如果我有体力和自信重新回到那个世界，该多好啊！”

唐娜尝试过好几种替代疗法，除了传统的心理治疗外，还包括自然能量疗法（Reiki）、针灸和气功。她希望它们能为她带来内心的宁静和安稳的睡眠，然而遗憾的是，这些尝试都没成功。后来她的治疗师推荐她来参加了我们的敲击治疗工作坊，希望她能把失眠敲走，再敲来一个理想的新人生。

“患癌对我来说还是有很多好处。”她解释说，“它帮我找到了过去生活里缺失的平衡感，帮我认识到什么才是真正重要的东西。”她补充说，她的目标就是要找到一个“正常的新生活”，然后学会“带着一颗欢喜之心尽可能地活出自我。”

看着唐娜讲话的样子，我们都深深地为她感动，被她激励，但我们也为她担心。你能感觉到她的决心，但她的声音是那么细小、无力，似乎她从来都没有真正地为自己生活过。她的身体确实在这里，可她的灵魂到底在哪里呢？

为了找到她焦虑和失眠的根源，我们决定探寻她心灵深处的感受、希望和梦想。当被问及在生活中她到底追求什么时，她回答：“我希望我的孩子们快乐。”我们再让她在想象中对家人说：“我要花一些时间来为自己做一些事情。”这时她开始表现出不安来。

为了帮助她镇定下来，我们开始带着她做敲击治疗，治疗的重点在于表达出她的个人愿望。在治疗当中，因为切除了双侧乳腺，唐娜表示想做回一个“真正”的女人，当然，她也想解决睡眠问题。

敲击治疗有了效果。第一个晚上唐娜睡得很香，中间一次也没醒。在接下来的治疗当中，包括后来，她的睡眠也一直没有问题。唐娜笑着说：“睡眠好了，一切都改善了。”

通过敲击治疗，唐娜还与一个被她冷落了许久的人建立了联系，那个人就是她自己。“我希望我能告诉别人，不要刻意让自己永远‘积极’，这会给自己带来不必要的压力。我现在认识到，把情绪表达出来，同时做敲击治疗把这些情绪释放掉，是一件非常重要的事情。”情绪释放疗法已经让她的生活发生了翻天覆地的变化。

刚参加完敲击治疗工作坊的唐娜焕然一新。她看上去精力充沛，似乎敲击治疗把她的身体和心灵重新联结在了一起，拥有了一个健康的“身心灵”。除此之外，唐娜也实现了重新融入社会的愿望，她又能去参加孩子们的活动了。不过，她也第一次心甘情愿地放弃了一些活动，以便把时间和关注留给自己。

唤醒身体的疗愈力量

情绪释放疗法专家林赛·肯尼向我介绍了她治疗利娅（Leah）的过程。50 岁的利娅过去是一位教师，最近被诊断出肺癌。两人第一次见面时，林赛问利娅患肺癌之前，她的生活中有没有发生什么事情。利娅说她过得很舒心，婚姻美满，没有遭受过任何形式的心理创伤。然而她刚一说完，丈夫迪克（Dick）就插话说大约在做出诊断的 6 个月之前，她的姐姐贝丝（Beth）刚刚因为一种呼吸系统疾病去世了。

提到贝丝，利娅就哭了起来，很明显这是一个创伤性事件，但奇怪的是（真的奇怪吗），她刚才怎么没有想起来？

很快，林赛就明白了，在过去的两年半里，利娅一直承受着巨大的痛苦。贝丝确诊前一年，她失去了丈夫，同时也失去了活下去的意愿，她拒绝了所有的治疗，所以利娅认为她没有为自己争取活下去的机会。

林赛不禁猜测，利娅积压的情绪如此强烈，这是否与她的肺癌有关呢？于是她花了一个小时为利娅和她丈夫进行敲击治疗，敲击的对象是她对贝丝去世的感受。在治疗当中，利娅不仅诉说了她的悲伤和失落，同时也宣泄了她对姐姐拒绝治疗的愤怒。在利娅看来，贝丝拒绝治疗，实际上就是放弃自己，放弃生活，也放弃了她。

治疗 1 小时后，利娅对姐姐去世的伤痛消除了很多，对那段往事的情绪也平复了很多，此外，她还选择了原谅贝丝拒绝治疗。

这是一个重大的进展。不过利娅的肺癌还没有治愈，她需要进行更多的敲击治疗。为了清除更多的负面情绪，促进肺癌的治疗，林赛教给利娅和迪克一套简单的治疗步骤。她一边指导利娅按顺序敲击穴位，一边指导利娅向自己的身体索要能量提供给肺部，以便修复癌症引发的损伤，清除癌细胞，提高免疫系统的活性。最后，她还指导利娅一边敲击穴位，一边感谢身体的努力。

离开时，利娅和迪克放松了很多，这一次的治疗让他们非常兴奋，对于情绪释放疗法所能起到的疗效，他们也充满了期待。林赛告诉他们，每天至少要按照顺序进行 3 轮敲击治疗，同时还要处理其他负面情绪。

4 个月后，利娅向林赛宣布了一个惊人的结果：她不用再做化疗、放疗和手术了！这些天她一直坚持敲击治疗，也调整了生活方式。她认为是情绪释放疗法、积极思考和自我疗愈救了她的命。被传统医学几乎判了死刑的利娅，如今找到了提升身体疗愈能力的新方式。

最近林赛告诉我，利娅的健康状况十分稳定。不过需要强调的是，尽管这些结果好得令人难以置信，但我们还是不能过高估计情绪释放疗法的疗效。癌症是一种极其复杂的疾病，关系到躯体、情绪和精神，所以，说情绪释放疗法治愈了癌症是不妥当的，但是针对引发情绪和创伤的事件进行敲击治疗确实能促进身体的自我修复。自我修复开始了，身体也就更能抵抗自己的癌症了。

我们很是为利娅所经历的一切感到振奋。我已经看到太多情绪释放疗法促进康复的案例，但每一个机体、每一种病症都千差万别。尽管利娅通过敲击治疗和改变生活方式控制了癌症，但我们不能武断地说每个人都能获得这样的疗效。

尽管情绪释放疗法非常有效，但它不能取代西方医学，很多情况下，情绪释放疗法都是和手术、化疗等传统治疗手段以及其他替代疗法结合使用的，而且某些情况下，情绪释放疗法正是在原有治疗的基础，才唤醒了来访者身体的疗愈力量。

很多人都担心，在敲击治疗中，对愤怒、悲伤、压力和焦虑的关注会把负面的事情吸引到他们的生活中。

在这一章里，我们已经了解了唐娜、利娅和乔迪的情况。从中我们能看出，正是因为对悲伤、愤怒、怨恨等情绪的拒绝承认和对自我需要的否定，身体才可能患上疾病。

这里需要再强调一次，你有负面的情绪、想法和经历并没有任何错，我们都会时不时地体验到这些。只有当这些负面的东西没有宣泄口时，身体才会失衡，进而引发疾病或者阻碍康复。

当这些负面的情绪、想法和经历得到处理和释放后，你就能变得积极，而不像以前的唐娜那样，强迫自己积极起来，只有这样，你的生命才能释放正能量，因为积极的状态来自你的内心，而不是对负面情绪、想法和境况的掩饰、躲避及否认。

想象一下，医生在短短几分钟之内就迅速找到了问题的根源，而不是先做一大堆检查，然后让你没完没了地吃药（况且每种药都有副作用，都可能产生新的问题），很可能这样还无法治好你的病。随着越来越多的医生开始意识到心身联系的重要性，想象越来越有实现的可能。

现代医学采用的是一种标准的、对抗的传统治疗，它认为身体需要药物或手术来治愈一系列症状。然而遗憾的是，药物和手术并没有获得我们期望的成功率，而且还给我们带来很多压力，给身体带去进一步的损伤。任何与当今医疗体系有过深度接触的人都能体会到这种治疗方式所带来的损害，包括身体的和心理的损害。

现在越来越多的医生，包括心理医生、精神科医生，以及其他临床医学工作者，都在了解情绪释放疗法，并尝试把它运用到治疗中去。他们这么做只有一个简单的理由：情绪释放疗法确实有效。在过去几年里，我见到许多专业医生一开始怀疑情绪释放疗法，后来却热衷于此。

情绪释放疗法任何人都可以使用。当专业的医生把它运用到临床实践当中时，我还是感到十分兴奋。并非只有医生才能为自己或他人进行敲击治疗（我也不是），但专业所带来的经验和知识对情绪释放疗法的实施确实有帮助。

接待来访者时，我在体察来访者真正需要，以及思考怎样做才能最有效地帮助他们的同时，也积累了个人发展、咨询、心身疗法等方面的经验。所以，无论你是为自己进行敲击治疗，还是求助经验丰富的情绪释放疗法实践者，抑或是求助结合使用情绪释放疗法的传统医生，你都应该明白，从即刻起，你就可以运用这一强大的治疗手段，而且不久之后它会为更多人所使用。

指尖敲出丰盛

建立你自己的疗愈敲击树

我们在第 2 章中做过“敲击树”的练习。现在，我们将运用这一章学到的知识来绘制一棵帮助我们疗愈身体的“敲击树”。前面的内容可能会重复出现在这里，重要的是，你得花一些时间来考虑，怎样运用情绪释放疗法让“身心灵”发挥更大的作用。就算你觉得自己很健康，也最好想想以前体验到的头疼、感冒或其他症状。

找一张纸和一支笔，把你的疗愈敲击树画出来。（你可以访问 www.thetappingsolution.com/tree 获得空白的敲击树图片，然后打印出来。）不用画得太好看，只要用心就可以了，不过要多留些写字的地方。上一次练习的时候，大多数人写上去的东西都比预想的多！

树叶：症状和表现

你现在有哪些症状？身体感觉如何？医生的诊断结果是什么？身体有什么地方疼吗？把这些看得见的、感觉得到的事项填在“树叶”部分。

树枝：情绪

你平时情绪怎么样？早上醒来时感觉怎么样？晚上睡觉的时候呢？想想昨天发生的事，把你经历过的所有负面情绪都填进去。你觉得哪些负面情绪和你的身体、病症有关？或者和你的整体健康状况有关？

树干：事件

在与你的身体和疾病有关的事情（包括当前的和过去的）当中，哪些正在困扰你？你身体方面的问题是从什么时候开始出现的？那时你的生活中发生了什么事情？

树根：束缚性信念

说起身体和健康，你有哪些固定的看法呢？如果要谈论自己的身体，你会怎么说呢？如果要谈论你的病症，你又会怎么说呢？医生对你说过什么？你觉得他说的哪些话对？你对你的身体状况有什么评价？

在这里，诚实非常关键，如果这时候你还逼着自己积极地看问题，那么你就是在和自己作对，和自己的身体作对。真实一点，把想到的全说出来，然后你才能释放出实实在在的正能量，这时，你的身体才能运用它来帮助自己走上康复之路。

这一切都做完后，站起来看看你画的疗愈敲击树，这里概要地罗列了你此时的“身心灵”。这些情绪、症状、事件和束缚性信念正是你需要运用情绪释放疗法来清除的东西，然后你就可以收获一个身体健康、活力四射的你！

开始敲击治疗

与症状相比，疗愈敲击树是更有效的敲击提醒，并且是可视的。为了发挥敲击治疗的全部威力，你需要把各个部分都加以治疗，从症状开始，然后一路进行到你的束缚性信念。

用这一章的事例来说，就是从杰茜卡的感冒到乔迪的纤

建立你自己的疗愈敲击树

症状 / 表现（树叶）：

情绪（树枝）：

事件（树干）：

束缚性信念（树根）：

维肌痛，再到唐娜的失眠和利娅的癌症，这就是整个过程，其中包括了针对根源（可能促成疾病发生的信念、想法）的敲击治疗，它对身体的自我疗愈意义重大。

第7章

身体能够自愈

RELEASING PHYSICAL PAIN

身体能够自愈，疼痛可能缓解，诊断也并非总正确。腾出一点儿时间尝试情绪释放疗法，或许你能从中找到久违的轻松感。

如果治愈只有一种解释，那就是带着宽容和觉知走进躯体和精神的痛苦之中。是这些痛苦，让我们在成见和惊恐中停滞不前。

美国畅销书作家　斯蒂芬·莱文（Stephen Levine）

身体能够自愈

“帕特里夏（Patricia）的疼痛跟心理没有关系！这里写了，她的第一腰椎骨折了，还装了好多根螺栓！这种情况敲击治疗怎么治啊？”

这是 2007 年 7 月，当时我和妹妹正坐在桌子旁，查看报名参加敲击治疗工作坊的申请表。我们面前有一大摞申请表，说明很多人都在急切地寻找能帮助他们解决疼痛、肥胖、悲伤等问题的方法。

杰茜卡正在读帕特里夏的申请表。帕特里夏在一次严重的沉船事故中受了重伤，第一腰椎骨折，这是腰部最大的几块椎骨之一。后来，外科医生成功用 4 根钛金属螺钉和 8 组螺栓加固了她的腰椎，可是遗留的疼痛仍然十分严重，所以她一直在服用吗啡、扑热息痛、耐而可和安定。此外，她的睡眠不好，必须服用安必恩才得以睡个好觉。然而这么多的药也无法阻止她的腰规律性地疼痛。对于自己的境遇，帕特里夏深感绝望。

我和妹妹争辩的焦点在于，情绪释放疗法能否缓解有明确物理原因的躯体疼痛？她那时的理解是，情绪释放疗法只对心理或精神性的疼痛有效，因为这些疼痛才是由压抑的情绪所引发的。我知道情绪释放疗法的疗效不止于此，于是我动用我既是项目负责人又是哥哥的特权，否决了杰茜卡的提议，同意帕特里夏参加我们的敲击治疗工作坊。

坐了 6 个小时的车之后，帕特里夏终于来到了工作坊的举办地。当时，她的腰疼得非常厉害，尽管她强打精神（她天生就是那种性格坚强、乐观积极的人），腰部的剧痛还是让她疲惫不堪。帕特里夏在她的申请表里写道："这么久了，我觉得自己还像生活在噩梦中一样……一切都变了……我还在不断地适应、调整，努力让自己挣扎出来。我一天到晚总在考虑，这件事（这个活动或这个决定）会对我的腰有什么影响？这一点非常讨厌。我行动起来比原来慢多了，这让我又急又气，我担心别人会以为我残废了。那次事故完全改变了我的生活，我心里充满怨恨，但也只能努力去关注事情好的一面。"

你真的会一直疼下去吗？

里克是工作坊的志愿者之一，他负责为帕特里夏减轻疼痛，同时帮她开启新生活。

里克首先注意到，医生已经跟帕特里夏说了很多，包括可能出现什么情况，不可能出现什么情况。医生的诊断可能会对我们的身体和将来的生活造成破坏性的影响，当我们听到“你会一直疼下去”或者“你以后不能自如活动”这样的判断时，我们就会在潜意识当中把这些束缚性信念化为己有，在显意识层面，我们往往会把它当作真理，作为行动的依据。

事故发生前，帕特里夏很喜欢做瑜伽，可是医生告诉她“不要再做瑜伽了”。这句话在情绪上摧垮了她，负面的化学物质传遍了她的身体，同时也限制了她去做可能做的事情。

如果医生没有跟她说那句话，她可能已经尝试过瑜伽了，瑜伽可以让她缓慢地伸展身体，然后促进身体康复，然而，医生的话却把这种可能性扼杀在了帕特里夏的头脑里。

直到她接触情绪释放疗法后，这一切才有了改观。在里克的专业引导下，帕特里夏把医生对她说过的话以及她对这些话的感受全部清除了。

这次敲击治疗连同我们即将介绍的其他方法，均产生了惊人的效果。治疗开始后的第二天晚上，帕特里夏已经感觉不到腰痛了，由螺钉和螺栓导致的沉重感也从她身上消失了，最重要的是，她对未来充满了希望，而且为她可能做到的事情感到兴奋。她不再把注意力放在不能做的每件事情上了！治疗结束后，帕特里夏的腰痛完全消失了，安眠药也不用再吃了，而且她又开始练习瑜伽了。这些结果是那么的不可思议！

指点迷津

哪些是“事实”？

当你身体的某个地方疼痛时，你可以问自己：

对于这种疼痛，我觉得哪些想法是符合事实的？

对于我的身体情况，医生是怎么说的？

对于我的身体情况，我在网上查到的相关信息是怎么说的？

对于我的身体情况，我觉得哪些想法是符合事实的？

花几分钟的时间，想想怎么回答上面这些问题，最好用笔写下来，越详细越好。你的答案可能是这样的：

我腰部的一个椎间盘突出了。（写得越详细越好，比如，我腰部第三腰椎的椎间盘突出了，而且越来越严重，现在疼得非常厉害，感觉又热又胀。）

医生说我会这么一直疼下去。

医生说最后得动手术。

医生说病情正在恶化，将来很可能还会更严重。

只有吃止疼药才能缓解疼痛。

我觉得我会这么一直疼下去，而且会越来越严重。

检查你列出的每一项，根据每一项你认为符合事实的程度，各自给出一个 0 ～ 10 分的评分。

如果你确定无疑地知道自己有一个腰椎间盘突出了，并且这是事实，你就给它打 10 分。如果你完全相信它会一直疼下去，也给它打 10 分。如果你对某句话存在一些怀疑，就给 7 分或 8 分。

现在来感觉一下你整体的疼痛是多少分，范围仍然是从 0 ～ 10 分。

我们将使用下面的问题描述语。敲击一轮后，把它们合并为一组继续敲击。

指尖敲出丰盛

破除束缚性信念：针对诊断结果敲击

手刀点：尽管我有一个腰椎间盘突出了，但我还是全然地接纳我自己（重复 3 遍）。

眉毛内侧：我的腰椎间盘突出了……

眼睛外侧：腰椎间盘突出了……

眼睛下方：又胀又疼……

鼻子下方：医生说我的腰椎间盘突出了……

下巴：医生说会一直疼下去……

锁骨：医生说最后得动手术……

腋下：医生说很可能会越来越严重……

头顶：止疼的唯一办法就是吃止疼药……

眉毛内侧：我觉得这病好不了，只会越来越严重……

眼睛外侧：我的腰椎间盘突出了……

眼睛下方：好疼啊，好疼……

鼻子下方：又胀又疼……

下巴：我觉得这种情况只会越来越严重……

锁骨：我相信医生说的话……

腋下：止疼的唯一办法就是吃止疼药……

头顶：好疼啊，好疼……

深深地吸一口气……然后放松。

你还可以通过下面的网址了解这一主题的更多信息：www.thetappingsolution.com/tap5。

以上只是一个针对诊断进行敲击治疗的示例，关键在于，你要准备你自己的问题描述语和提示语，让它们反映你的真实情况，同时还要相信自己的直觉。

现在，像往常一样，我们要检查两件事：

1. 现在疼痛可以评几分？疼痛的感觉有什么变化？

2. 在这中间，你想到了什么？

查看治疗之前的疼痛评分，现在的评分是升高了还是降低了？疼痛的感觉有变化吗？疼痛的部位有变化吗？把你此刻的疼痛评分记录下来。

之前列出的每一项分值改变了多少？你还认为你会一直疼下去吗？你还认为医生告诉你的所有事情都是真理吗？如果这些想法减少了一点，如果治愈的希望开始出现了一点，那就把新的评分记录下来。

然后问自己："在敲击治疗中，我想到了什么事情？"当你说"医生说我最后得动手术"时，你的情绪有没有起伏？如果有，你就要进行更多的敲击治疗。

刚才你心里最想说的是什么？有什么新的想法或感受？把这些记下来，然后把它们加进下一轮的敲击治疗里。

运用相同的问题描述语和提示语反复敲击，直到这些问题全部被处理掉，你的感觉也比较好为止。你也可以不断换用新的问题描述语和提示语，根据你的喜好来做决定就可以了。

当你针对病症的现状和医生的诊断进行敲击治疗时，你会发现你正在从别人的话语和自己的想法当中解放出来，就像我们在帕特里夏身上见到的那样，这种解脱可能会产生神奇的效果。

尽管让妹妹认错很困难，但杰茜卡还是得承认，我让帕特里夏来参加敲击治疗工作坊确实是一个正确的选择。"依我看，帕特里夏的疼痛不会消失。"她说，"但我现在明白了信念对身体疼痛有多大的影响。只要摆脱束缚性信念，身体的疗愈能力就能神奇地展现出来！"

病痛与情绪的“奇怪”联结

直到今天，帕特里夏的经历仍然让我吃惊。当时尽管我希望参加敲击治疗工作坊能缓解她的腰痛，但我和杰茜卡一样担心我们能否真的帮助她，因为她腰痛的原因确实再清楚不过了。对于躯体病痛，我们往往会对所想的和别人所说的那些所谓的事实深信不疑。有了这些“事实”，我们就不再是我们自己，我们就不再拥有我们自己的希望、梦想、目标和渴望。因为我们已经和病痛，和医生的诊断紧紧地联系在了一起。我们被那些虚假的观念所左右，却抛弃了真实的自己。

现代医疗体系的意图是好的，但它的影响很糟糕。西方的医疗产业总是在不断地制造关于身体的负面信息，并且一再把这些负面信息灌进我们的耳朵，比如将来“可能”出现这样或那样的状况，然而这些信息并不符合事实。你可能无法想象有医生对你这样说：“看了你的 X 光片，从纯医学的角度讲，我的诊断是，你有一个腰椎间盘突出了。不过我还是希望你能了解，你的身体有可能不疼，我见过很多这样的案例，我也见过自行痊愈的人。记住，身体有内在的康复能力，我相信你能恢复健康。跟我讲讲生活中让你激动兴奋的事情吧，想一想，如果将来你的腰不疼了，那时候的你会是什么样？”

在促进身体疗愈，给人以希望和向前的动力方面，以上的态度、方法、语言将会产生怎样的影响？穿着白大褂的医生权威高，他们说的话往往直接影响病人的意识和潜意识，进而控制病人的生活。

所以，在整个医疗产业改弦更张之前，你需要通过情绪释放疗法来清除所有关于身体及其疗愈能力的束缚性信念。

我第一次见到约翰时，他显得比较安静、沉闷，明显深受疼痛的折磨。这名越战老兵有30年的腰痛史。为了展示约翰在家中的样子，我和尼克·波利齐一起坐飞机去他家拍摄了他的身体状况和生活状况。

看得出，约翰是一个善良的人，但他正处在巨大的躯体和情绪痛苦当中。他的妻子珀尔（Pearl）告诉我们，约翰很少笑，孩子们经常会问“爸爸在哪里”，他们这样问只是为了避免撞见他。约翰的腰痛源自1974年的一次事故，那次事故令他的椎间盘严重突出。这些年来，他已经做了4次手术，可是几乎没有好转。此外，他夜里失眠，还患有高血压、糖尿病、耳鸣等。

和帕特里夏一样，约翰也被医生告知，他的腰痛属于器质性病变，会一直持续下去，所以需要进一步的手术治疗。情绪释放专家史蒂夫·芒恩（Steve Munn）对约翰采取了不同的治疗思路。

“是什么情绪积压在你的腰间？”他问约翰，“有什么事情卡在那里了？”

“愤怒。”约翰脱口而出。他继续回忆（同时敲击穴位）小时候父亲如何用一条沉重的皮带反复抽打他。随后，他又和史蒂夫一起针对与父亲有关的各种情绪和情景进行了敲击治疗。除了对父亲感到愤怒和伤心外，他还为在越南做过的事感到内疚，对过去和现在的长官也心有不满。

之后，约翰惊奇地发现，伴随了他30年的腰痛烟消云散了！或许，约翰接受敲击治疗的最神奇之处并不在于腰痛消失，而在于女儿的发现。

“我觉得父亲就像换了一个人。”她说，“我爱这个新爸爸！”

珀尔表示同意：“他现在会微笑，也会开怀大笑了！”

花点时间仔细体会，身体有什么地方疼痛吗？是否有酸胀、僵硬或者其他不舒服的感觉？然后问自己：“如果有情绪积压在我的________（把你感到不舒服的身体部位填进去），那会是什么情绪？”你也可以这样问自己：“如果有一件事情卡在我的________，会是什么事情？”

倾听你的身体，等待随后的回答，你很可能会为你所听到的回答感到惊讶，为它评一个 0 ~ 10 分的分值，然后针对它进行几轮敲击治疗！

指尖敲出丰盛

释放潜藏的情绪：疼痛在告诉你什么？

你可能从来也没有听医生这样问过你：“你疼痛中的情绪是什么？”不过，当你见到情绪释放疗法的结果，并用心去感受它时，你就会发现，敲击治疗对疼痛的缓解大大超乎我们的想象。

手刀点：尽管我觉得我的________（把你的身体部位填进去）积压着一种________（把你的情绪填进去）的情绪，但我还是全然地接纳我自己。

手刀点：尽管我有很多________（把你的情绪填

进去）的情绪积压在 ________（把你的身体部位填进去），但我还是全然地接纳我自己。

手刀点：尽管我觉得我的________（把你的身体部位填进去）积压着一种________（把你的情绪填进去）的情绪，但此刻我还是选择放松。

眉毛内侧：我有很多的情绪积压在……

眼睛外侧：我的________积压着很多情绪……

眼睛下方：那些往事让我感到……

鼻子下方：这些情绪令我难以释怀……

下巴：我有很多的情绪积压在……

锁骨：那些往事让我感到……

腋下：我有很多情绪……

头顶：很多的情绪积压在……

眉毛内侧：我要把积压在________的情绪全部释放掉……

眼睛外侧：释放掉……

眼睛下方：现在是和往事告别的时候……

鼻子下方：也是该告别________的情绪的时候……

下巴：让它们走……

锁骨：让这些情绪统统走掉……

腋下：所有这些情绪……

头顶：把积压在________的情绪全部释放掉……

深深地吸一口气……然后放松。

你还可以通过下面的网址了解这一主题的更多信息：www.thetappingsolution.com/tap6。

同往常一样，现在集中注意力并问自己："情况有什么变化吗？现在我的情绪有多强烈？疼痛加重了还是减轻了？我有没有想起别的事情？"

根据回答准备好下一轮敲击的问题描述语和提示语，反复这样做，直到你感觉轻松为止。

指点迷津

寻找疼痛更深层的原因

第一次疼痛是什么时候？当时生活中发生了什么事情？比如，"那是 10 年前，当时我换了工作。"

当你注意到这一疼痛的时候，你想起了什么？比如，"想起了那一次的脖子疼，还有我的继母。"

你对这一疼痛有什么感觉？比如，"疼了这么多年，我觉得很生气。"

你对疼痛中的自己有什么感受？比如，"我觉得是我不好，因为我找不到解决问题的办法。"

如果不疼了，你会成为一个什么样的人？比如，"我会是一个完全不同的人，能做更多事情，也能承担更多的责任。"

这一疼痛想跟你说些什么？比如，“它告诉我应该放慢节奏。”

描述疼痛的部位，它的大小、颜色、形状各是什么样？比如，“颜色发红，面积不大，但是整个部位都肿起来了。”

疼痛给你带来了什么好处？比如，“我再也不用回去工作了。”

疼痛给你带来了什么坏处？比如，“我不能过自己想要的生活了。”

上述问题的答案都是寻找更深层原因的线索。以上不过是示例，你可以适时地使用它们来进行敲击治疗。不过，如果你对这些没有感觉，就认真地把上面的问题回答一遍，再根据你回答的内容准备下一轮敲击治疗的问题描述语和提示语。

找回身体久违的轻松感

这一次，我遇上了难题。来访者埃米（Amy）是一位生意搭档的女朋友，一开始对她治疗的效果并不理想。

埃米说她患有坐骨神经痛，已经好几年了。她是一个运动型的女孩子，喜欢跑步，可是她的坐骨神经痛严重妨碍她运动。我问她疼痛从什么时候开始，她还清晰地记得。

“在我举办婚礼的时候，当时我在跳舞，却重重地摔了一跤。”埃米说。

我问她当时有什么心事时，她快速地给出了答案："那天晚上太恐怖了，我和前男友大吵了一架，从那时起，情况似乎总不对劲。"从她的回答可以推测，只要针对先前发生的事和情绪冲突进行敲击，她的问题似乎就可以解决。接下来我就是这样做的，然而我们尝试了情绪释放疗法，可是疼痛没有缓解。之后我们又针对先前发生的具体细节进行敲击。之后她的感觉确实好了一些，可是疼痛还是没有丝毫的缓解，这让我很惊讶。或许她的坐骨神经痛跟婚礼上摔的一跤没什么关系。

然而我告诉自己不要轻言放弃，于是继续问她："现在你生活中最头疼的事情是什么？"

埃米回答说："上班。我讨厌上班。"

她告诉我，上班让她多么痛苦，她多么不喜欢干她的工作，又多么不喜欢一起工作的同事，她多么想逃开。我们继续进行敲击治疗，先是问题描述语：尽管我讨厌工作，它让我烦死了……让我们感到惊奇的是，仅仅经过一轮敲击，她的疼痛就显著地缓解了！我们继续针对工作敲击，直到她的坐骨神经痛消失为止。由此看来，她的坐骨神经痛完全是由工作压力引起的。

所以，当你在治疗中间卡住，不知道应该把什么作为敲击治疗的对象时，不妨做一些其他的尝试。仅仅是敲击过程本身，往往就能使身体和心灵得到显著的放松，不同的想法、记忆和念头便会自动浮现出来。

通过不断的试验、犯错、再试验，你就能搞清楚症状的缘由是什么，这时你就知道该如何来清除它了。

对情绪释放疗法感到好奇的人经常会问："它多长时间起作用？一分钟就可以吗？我每天得敲击多少遍？"对不同人来说，答案是不同的！

情绪释放疗法专家卡罗尔·卢克报告过一个有关头痛的案例。她公寓楼里的门卫经常抱怨他的偏头痛反复发作，于是卡罗尔提议他进行敲击治疗。接下来，他们仅仅针对身体的症状进行了治疗，虽然也提到了生活压力，但只是泛泛而谈，并没有深究。随后，这个门卫就见到了治疗效果，而且在随后的 7 年中，他的头再也没有疼过！

仅仅针对症状进行敲击治疗也能取得显著的疗效，不过在某些情况下，我们有必要进行更深入的挖掘。比如，我最好的朋友尼克·波利齐长期患有偏头痛，我们针对他的症状做了几次敲击治疗，然而每次都是当时见效，过后又犯。直到我们更加深入地进行挖掘，最终将他的偏头痛和有关他父亲的情绪和记忆联系起来时，他的症状才永远地消失了。

任何时候，我们都无法预测疼痛何时会消失。一分钟就能治好吗？有这个可能。找受过训练的践行者治疗就能发现问题的根源吗？有这个可能。我只能说，我一次又一次地见到了情绪释放疗法的神奇疗效，确实惊世骇俗。如果你身体哪里不舒服，真的应该试试情绪释放疗法。先针对症状进行 5 ～ 15 分钟的敲击治疗，你很可能这样就会获得明显的缓解。如果没有缓解，请不要放弃，你可以再进行更深入的挖掘，找到疼痛背后的原因，我保证，你的努力是值得的。

我经常在世界各地巡讲，现场介绍情绪释放疗法。需要示范时，我会邀请 3 位志愿者到前面接受治疗。为了证实情绪释放疗法的威力和持久疗效，我愿意当着好几百位听众的面进行现场治疗。如果敲击治疗不管用，我脸上就不止被扔鸡蛋了！

然而，一次又一次，神奇的结果出现了，尤其在疼痛缓解方面。疼痛是如此的真实，疼就是疼，不疼就是不疼，所以它具有强大的说服力。无论是在听众面前，还是在一对一的单独治疗中，我见证了太多奇迹，以至于我常常会惊讶：这一次怎么又灵验了？！

我对他们说："你不用为了让我高兴而说疼痛消失了，真的消失了吗？"当然，他们回答真的消失了。

我常常难以相信疼痛会消失得如此迅速，部分原因是在我们的观念和认知中，我们不认为敲一敲就能让疼痛消失而且永远消失。我们相信阿司匹林能通过化学反应治疗头痛，但没有人这样对我们说"敲一敲，把疼痛赶走"，或者"宝贝儿，你疼痛之下藏着什么情绪"。

当然，这一切正在改变。越来越多的经验显示，身体能够自愈，疼痛确实有可能缓解，诊断也并非总正确。在疼痛的治疗领域，这些可能性都很令人振奋。你确实应该腾出时间尝试情绪释放疗法，相信你能从中找到久违的轻松感。

指尖敲出丰盛

感受你的身体

在这一章，我们已经了解了关于疼痛的知识。我们的身体不只是血肉之躯，还是我们的盟友，它能够为整个生活提供无比宝贵的反馈和信息。现在，花些时间来感受你的身体，看看哪里感觉紧张、焦虑或疼痛。转动你的脖子，有没有僵硬的感觉？深吸气，感受呼吸的深度，你的胸腔里有没有不舒服的地方吗？

如果你感觉身体紧张、焦虑或疼痛，问问自己："这种感觉意味着什么？我的身体想告诉我什么？如果我的身体里积压了一些东西，那么它是什么？"

当你找到答案后，针对它进行几轮敲击治疗，既要治疗自己感受到的疼痛、焦虑或紧张，也要治疗与症状相联系的情绪。

当你静下心来专注地进行敲击治疗，最后把压力释放掉时，相信你能体会到身体有多放松！继续敲击，直到你的身体达到深度放松的状态，并充分享受这种感觉！

专家简介

大力推广情绪释放疗法的埃琳·香农博士

在美国圣路易斯市（St. Louis）的荣民医疗中心（VA Medical Center）做博士课题时，埃琳·香农（Erin Shannon）博士见有些病一治就是好几年，甚至好几十年，效果却一点儿也不显著，这令她非常失望。

几年后，她的母亲因脑瘤病逝，而当时她却束手无策。那时唯一看似能缓解母亲剧烈头痛的就是几种替代疗法，包括自然能量疗法和其他的能量治疗法。一开始，香农对这些疗法的疗效持怀疑态度，她所受的专业训练告诉她，这样的治疗不可能管用。然而，她无法否认她的母亲确实感受到症状有所缓解。

和其他优秀的临床医生及研究者一样，香农开始详细观察，在产生这一结果之前，大脑和身体是如何协同工作的？在华盛顿大学（Washington University）医学院精神病学系和遗传学系做博士后研究时，心身关系已成为香农的主要研究方向。这一研究是美国国家心理健康研究所（The National Institute of Mental Health）资助的，香农博士渴望从神经病学的角度发现大脑和身体的关联方式。

当香农博士开始了解各种替代疗法时，她发现了大量践行者的见证，而且对情绪释放疗法的研究也越来越多。在好奇心的驱使下，她决定把情绪释放疗法纳入到自己的临床治疗当中。像其他受过传统训练的治疗师常常经历的那样，香农博士对情绪释放疗法的起效之快留下了深刻的印象。

如今，她经常为来访者进行敲击治疗。首先是一轮例行敲击，接着针对来访者的压力事件继续敲击，这样在当天的治疗结束后，来访者就能明显地感到放松。教完基础的敲击治疗后，她还会布置作业，以便让来访者持续地进行敲击治疗。毫无保留地把这一治疗方法教授给来访者，使得香农博士在相对保守的美国中西部地区声望日隆。

香农博士对情绪释放疗法大加推荐，因为它容易操作，疗效显著。她认为，每一名专业的医学工作者都应该了解这一疗法，不过她不明白为什么那么多医学人员，如医学博士、心理医生和精神科医生等，没有学习这一强大的治疗技术。

她告诉来访者尽管去尝试，这一疗法没有害处，既不会造成任何损失，也不会对身体有任何伤害。情绪释放疗法十分容易掌握，任何人都可以使用，当然也包括那些受过医学训练的专业人员。

第 8 章

享“瘦”身材也享受食物

LOSING WEIGHT AND LETTING GO OF FEAR, GUILT AND SHAME AROUND FOOD

肥胖和减肥，到底哪一个更让人头痛？或许，我们选择吃什么所带来的负面情绪远远比不上我们与食物一起吞掉的那些负面情绪。

我们最大的弱点是放弃，然而通往成功最坚实的道路是再试一次。

美国发明家　托马斯·爱迪生（Thomas Edison）

享“瘦”身材也享受食物

玛丽搞不清楚，在肥胖和减肥当中，到底哪一个更让她头痛。

她尝试了各种各样的节食法和运动减肥法，但没有任何效果。我们见面时，她都快要放弃了。经历那么多痛苦，就为了减几斤肉，这么做值得吗？

食物有什么错？饮食的快感去哪里了？为什么不能内心平静地用餐？对于这用爱做出的饭菜，为什么不能怀着一颗感恩的心去享用？在人类的历史当中，食物曾经是一个朋友、一种供养，也是生活的根本。它包含着我们的记忆，联结着我们的家人，也镌刻着我们的生活方式。然而近年来，对我们当中的很多人来说，它带来的已经不是营养，而是……

与食物有关的苦恼、恐惧、愤怒和自责

“这种东西我能吃吗？”“不要吃那个！”“吃这个让我感到内疚。”“我怎么能吃这种东西呢！”

食物什么时候变成了一种让我们痛苦的东西？

还是回头谈谈玛丽吧。她为什么要减肥？为什么提及食物她就这么痛苦？

食物已经在很大程度上成了“装在盒子里的东西”，很多书也谈到，我们真的已经和食物深深地割裂开来。当我们开始加工、包装、冷冻和运输食物时，我们与食物之间的关系就已经发生了彻底的、恶性的改变。我们现在吃的绝大部分东西，要么只能勉强称作食物，要么干脆就成了对身体有害的东西。优质新鲜、本地产的有机食物，饱含各种营养物质和生命的活力，它能真正地帮助我们，而不是成为身体的负担。在这里，我想介绍情绪释放疗法能真正帮到你的地方，也就是玛丽所犯愁的，她应该吃什么，不应该吃什么的问题。

我们已经听说过很多不同的理论。一个专家告诉我们：“一定要吃这个！”而另一个专家又说：“你吃什么都不能吃这个！”这些理论已经足够烦人了，更让人郁闷的是，我们选择吃什么带来的负面情绪已经远远比不上我们与食物一起吞掉的那些负面情绪了。

玛丽回忆了她 20 年的减肥史。曾经有十几年的时间，她对“零

脂肪”的食物非常着迷，她还吃各种各样装在盒子里的食物。受媒体和所谓“食品”企业的蛊惑，在她的意识中，吃“零脂肪”的食物能帮助身体告别脂肪，玛丽清楚地认识到，她并没有瘦下来，可她仍然坚持这样做。她想，肯定是自己做得不够好，毕竟零脂肪食物广告里的每一个人看上去都那么快乐、骨感。

后来，她又求助于节食法：阿特金斯节食法、南滩节食法、葡萄柚节食法、血型节食法等。但是，每次新买一本书，新尝试一种节食法，她的迷惑和沮丧就更深一层：“上一本书不是说，这种东西不能吃吗？”

我们首先得把她头脑当中有关食物和减肥的乱七八糟的想法全部清除掉，就像在第 3 章中做的那样（当时我们针对现代生活所带来的崩溃感和焦虑感进行了敲击治疗）。我们当中的大多数人都得围绕食物和减肥问题进行敲击治疗，如果没有这种初步的敲击治疗，我们可能会因为压力巨大和思维混乱而找不到合适的问题描述语。

指尖敲出丰盛

解除对食物的压力

让我们先来看看你对吃什么的问题有多紧张。大声说：“对于该吃什么、不该吃什么的问题，我特别紧张、焦虑，快要受不了了。”

根据这句话与现实相符的程度，给出一个 0 ～ 10 分的主观焦虑评分。10 分代表跟你的情况 100% 吻合，0 分代表完全不吻合，凭感觉写一个数字就可以了。

现在开始敲击治疗！

手刀点：尽管我对该吃什么、不该吃什么的问题感到非常头疼，但我还是全然地接纳我自己。

手刀点：尽管我总是止不住地担心我吃什么好、吃什么不好，但我还是全然地接纳我自己。

手刀点：尽管有关饮食的各种观点让我头昏脑涨，我都不知道该怎么办才好，但此时我还是决定放松一下。

眉毛内侧：吃什么东西的问题真是烦人啊……

眼睛外侧：我应该吃这个吗？

眼睛下方：我不能吃那个！

鼻子下方：这东西对我好……

下巴：那东西对我不好……

锁骨：是这样吗？

腋下：我都不知道该吃什么了……

头顶：真是烦死人了……

眉毛内侧：各种各样的说法太多了……

眼睛外侧：似乎每个人的观点都不同！

眼睛下方：对于吃什么的问题，我实在搞不清，也很害怕，压力好大……

鼻子下方：在吃什么的问题上压力好大……

下巴：把这些压力全部释放掉……

锁骨：还有这些焦虑……

腋下：我不应该吃这个……

头顶：我不应该吃那个……

眉毛内侧：应该，不应该，应该，不应该……

眼睛外侧：太让人迷惑了……

眼睛下方：负担太沉重了……

鼻子下方：太让人焦虑了……

下巴：压力太大了……

锁骨：都是食物惹的祸……

腋下：惹来这么多麻烦……

头顶：把有关食物的压力全部释放掉……

如果你的情绪还是不好，或者期间你感受到了别的情绪，接下来就针对它们进行具体的敲击治疗。如果没有，下面就来进行几轮积极的敲击治疗。

眉毛内侧：对于应该吃什么的问题，我现在选择放轻松……

眼睛外侧：我选择对应该吃什么的问题感到放心……

眼睛下方：食物是安全的……

鼻子下方：我是安全的……

下巴：我心里很平静，很容易就能选出对我最有好处的食物……

锁骨：我放松地享受每一口食物，不管它是什么……

腋下：只要我选择吃一种食物，我就会放松下来，我要把与食物有关的自责、恐惧和焦虑全部释放掉……

头顶：在吃什么的问题上，我选择放松……

眉毛内侧：我的身体明确地知道它想要什么东西、需要什么东西……

眼睛外侧：我搜寻正确的信息，并为自己选择最好的食物……

眼睛下方：食物是安全的……

鼻子下方：我是安全的……

下巴：我现在选择放松……

锁骨：我要把有关食物的恐惧、自责和焦虑全部释放掉……

腋下：释放掉……

头顶：全部释放掉……

深深地吸一口气……然后放松。

你还可以通过下面的网址了解这一主题的更多信息：www.thetappingsolution.com/tap7。

现在感觉如何？让我们来检查一下。大声说："对于该吃什么、不该吃什么的问题，我感到特别紧张、焦虑，快要受不了了。"

感受一下这句话与现实的相符程度，现在你会给它评多少分？和治疗之前比有没有降低？在敲击期间，有没有感受到别的情绪或者想到别的事情？记住，在进行敲击治疗时，你要特别注意这期间感受到的特别的东西。我无法指导你针对具体经历进行治疗，因为我根本就不了解你的情况，但你了解，所以一旦心里有什么感觉或有什么事情浮现，你就要针对它们进行敲击治疗，然后释怀。你想到的东西越具体，敲击治疗就越有效。

在此我不得不严厉地说，如果你一直在看这本书，却不做敲击治疗，你就是在浪费时间。情绪释放疗法和其他疗法的不同之处就在于它能让改变发生，而不只是在探讨一个抽象的问题。我不希望你只是了解食物和你对食物的感觉后走开。我希望的是，当你结束阅读时，你对食物的态度和感受能发生根本的变化。所以开始敲击治疗吧！

我和玛丽花了大部分时间治疗她对食物和节食法的焦虑，此外，我还让她回想了过去20年的经历，以便了解她这一路走来的感受，然后针对它做敲击治疗。例如，她告诉我在采取南滩节食法的那段日子非常艰难，她记得当时看有关南滩节食法的书时满心怨恨。我们针对治疗当中涌现出来的以及减肥历程中的每一处情绪和每一个记忆都进行了一轮又一轮的敲击治疗。

治疗结束时玛丽谈到，她这么多年来从未感觉像现在这样轻松，而且她的轻松不只是在情绪上就连身体也感觉舒服多了，这让她觉得十分惊奇。现在的她拥有前所未有的热情和激情，认知上的改变带来的变化常常超乎想象，这也是情绪释放疗法常常产生的疗效。

“你知道吗？过去 20 年，我过得非常不容易，但我从中学到了很多东西。”她说，“我现在知道怎么做能改善我的状况了，也知道怎么做能让自己感觉好点，我还知道要想减体重我必须做什么，不过就算一时半会儿减不下来，也没有关系！”

我在前面谈到，我常会因为来访者的疼痛真的消失了感到惊讶，当这种认知转变发生时，我也同样感到惊讶。经过情绪释放疗法治疗后，来访者变得如此不同：智慧、安宁、富有同情心，这常常让我觉得自己是在跟一个全新的人讲话。实际上，这个人一直在那里，只不过从前的他被负面的经历、情绪和信念淹没掉了。

几个星期后，我找玛丽做回访。她很高兴地报告说，在敲击治疗的同时她没费什么劲就成功地减掉了 6 斤。但比减重更棒的是，对于食物和体重她的心态比从前平和了很多。她说：“回想过去，我曾经对有关食物的问题感到那么烦恼、怨恨和困惑，现在我的生活又回来了，连我周围的人都发现我已经变成了一个充满活力的人！”

指点迷津

你有怎样心酸的减肥史？

大多数人在很长的时间里都没有理顺食物和身体的关系。如果你喜欢玛丽的故事，你可能会想尝试我对玛丽所进行的治疗。你可以在纸上回答下面的问题，也可以向朋友说出你的答案。

回想你减肥的整个历程，从什么时候开始你对自己的体重不满意？你试过哪些节食法和运动方法？效果怎么样？你还试过别的方法吗？在那段时间里，你感觉怎么样？经过这一过程，你又有了什么样的看法？

一步一步地回忆整个过程，针对随时浮现的事件、情绪和信念进行敲击。如果有朋友和你在一起，你就把这些说给他听。坚持对每一个回忆进行治疗，直到把情绪释放出来。

对很多人来说，这是一个长长的故事，所以你要随时记录想到的东西，以确保把情绪全部释放出来。这个过程可能不会很快结束，你可能需要一个星期或一个月，但一定要坚持下去。当你完成整个过程后，你会为你的变化感到吃惊的！

以下这一点，我认为再怎么强调也不会过分：食物和体重给你造成的压力正是你减肥不成功的原因，其他的束缚性信念确实存在，稍后会谈到，但我们一定要从消除整体的压力和崩溃感开始进行治疗。在下一节中你会看到，食物和体重给你造成的压力可能会让体重增加，更别说减重了。

压力减小，体重就能减轻

当玛丽对食物和体重不再烦恼时，她的体重却降低了，为什么？原因在于对食物和体重的烦恼引发了身体的应激反应。应激会让身体产生一系列剧烈反应，包括：

流向消化系统的血液只剩下平时的 1/4；

对内脏的供氧减少；

对营养的吸收下降；

内脏中酶的生成量减少（最少只有平时的 1/20 000！这就是当你顶着压力吃饭时，常常会感到肚子胀气和不舒服的原因之一）；

重要营养物质的排泄加快，比如维生素和矿物质；

肠道益生菌数量减少；

胆固醇含量增加；

皮质醇和胰岛素含量增加。

最后一项对减肥来说尤其重要。因为当皮质醇含量持续升高时，无论减肥还是增加肌肉都非常困难。这时的你很容易发福，而且肉主要长在肚子上。

当玛丽放松心情、不再对食物焦虑时，她的身体就有了反应。所以当你想吃什么就吃什么吧！只要在吃的同时放松，那么你将会体重减轻，内脏供氧增加，营养素吸收率提高，消化酶生成更迅速（这样你的肚子就不会胀气了），重要营养物质在身体中的停留时间延长，肠道益生菌数量增加，胆固醇降低，皮质醇和胰岛素含量降低……

只要你的压力减小了，你的体重就能减轻。所以，不管是一般性焦虑、过往的创伤事件，还是生活中的其他问题，只要针对一般性焦虑、创伤性事件以及生活中的其他问题进行敲击治疗，来访者就常常能减轻体重，而不用刻意减肥！

难以阻挡的美味诱惑

我在上一章中提到，在面对观众进行现场演讲时，我常常会把疼痛作为情绪释放治疗的对象，因为疼痛的治疗结果非常明显，而且容易见证。另一个常被我用来演示的治疗对象是饮食冲动，它也具备容易见证的特点。

每次当着听众的面治疗饮食冲动都是同样的情景。首先，我会在一片笑声中介绍一大袋糖果、巧克力、甜饼和其他大家都喜欢的美食。在一大群非常关注健康的听众面前介绍这些特别有意思，他们必须承认想吃这些垃圾食品。我让每位听众挑选自己最喜欢的东西，想办法激发他们吃的冲动，然后找几位志愿者到讲台上，现场治疗他们的饮食冲动。

首先，我会让志愿者们评估他们的饮食冲动强度，然后描述他们对糖果或巧克力的感觉。很快，我会得到下面这样的回答：

“冲动强度是 10。闻起来很香……我能咬一小口吗？我喜欢吃这个，饿死我了！”

“冲动强度是 8。我午饭没吃多少，这个就能让我吃饱了。”

“冲动强度是 10。我的心思离不开它，我们能把它吃了吗？”

我们笑得更厉害了，看来这些志愿者们都很想把这些美味吞掉！

接着，我们会进行几轮敲击治疗。问题描述语是：尽管我真的想吃，但我还是全然地接纳我自己。

一般来说，之后那种很强烈的冲动就会减弱一些。每当你抑制不住自己的冲动时，你就可以先利用情绪释放疗法让冲动平复下来。

进行过两轮敲击治疗后，台上的志愿者们深吸一口气，他们变得更安静了。我通常会问：“如果在这股冲动背后有一种情绪，那么是什么情绪呢？”

指点迷津

饮食冲动背后的情绪

按照下面的问题描述语进行敲击治疗，你就能有效缓解饮食冲动。问题描述语是：尽管我特别想吃，但我还是全然地接纳我自己。重复几轮，直到冲动显著减少。

不过，有时候探寻冲动背后的情绪也很重要，如果我们不关心引发冲动的根源，那么冲动很可能会在几小时或几天后卷土重来。

确实，当它卷土重来时，你也可以一次又一次地把它压下去，但为什么不直截了当地把背后的情绪处理掉，从而永远消除饮食冲动呢？

当志愿者们开始注意冲动背后的情绪时，笑声往往会转变为眼泪。我们当中的许多人都在用食物来压抑负面的情绪、事件以及来自生活的各种压力。一位叫约翰的志愿者说，在冲动的背后他感觉到一种深深的悲哀。另一位叫马克（Mark）的志愿者说，他不知道为什么，当他琢磨这种冲动以及背后的东西时，他感到怨恨。接着是里克，他说他感受到的是对未知的恐惧。

接下来我们把注意力放在了那些情绪、事件和压力上，至于食物冲动早就忘得精光了。我们治疗的对象变成了童年时期的记忆、压力、崩溃感和恐惧感等。敲击治疗进行了大约20分钟后，我让3位志愿者检查他们的食物冲动强度。没错，这些冲动都消失了！

就像我的朋友卡罗尔·卢克总喜欢说的那样："这跟食物没有关系！"食物掩盖了真正发生的事情。当你发现了潜在的情绪、事件和压力时，你就有机会让你和食物之间建立起更健康的联系。

指尖敲出丰盛

是什么触动了你的饮食冲动

尽可能地把食物放在你面前，这样你能更清楚地看到它。如果你冲动的对象不是食物，而是一瓶酒或一支香烟，你也可以把它放在面前。如果你手头实在没有想吃的食物，就在头脑里虚构一幅景象。

你想吃的食物闻起来是什么样的？把它拿在手里是什么感觉？站起来远远地望着它，从各个不同的角度观察它。它哪一个特点最令你动心？你可以借助下面的小提示进行敲击治疗。

你拿到食物的过程是怎样的？你需要到外面去购买吗？你需要打开它的包装吗（有的人听到拆包装的声音就会兴奋）？你能想起与食物有关的声音吗（油炸时的"滋滋"声或咬下去的"咔嚓"声）？把这些都填补到你的敲击治疗中去。

进行完一轮敲击治疗后，食物冲动的强度降了下来，这时再去闻闻食物，味道有什么变化吗？你也可以吃一点，味道有什么变化吗？此时，你想吃它的冲动上升了吗？还是你已经能将它放下了？

当压力增大时，你对食物的冲动可能又会抬头。下一次发现自己想吃某种东西时，不要急着吃，先停下来做点侦察工作。在冲动袭来之前，你跟谁在一起？刚才发生了什么事情？你们聊到了什么事情？你刚才在想什么？很多时候，我们感受到了冲动，却没有察觉是什么触动了它。找到触动它的东西时，我们就能直接针对它引发的情绪进行敲击治疗，然后把这种冲动彻底解决掉。

想运动却不行动

来自缅因州（Maine）的莎伦（Sharon）是两个孩子的母亲。她高兴地告诉我已经减了不少体重，她还自制了食谱，觉得比较有效，尽管还没有达到她的期望值。

我们针对她在节食减肥、身体健康等事项上的压力和崩溃感进行了必要的敲击治疗，而后我问她：“你平时会做什么运动？”

她低下头小声地说：“嗯……我不是特别喜欢运动。”

我冲她笑笑，什么也没说。

“我知道我得运动，这对我有好处，不仅减肥快，感觉也会更好。”她说，“我从前喜欢跑步，可现在我太重了，一跑就会觉得很尴尬。”

我们开始了如下治疗："我一跑就会觉得很尴尬"，我让她给这句话符合事实的程度打分，她回答8分。我们的问题描述语是：尽管我一跑就会觉得很尴尬，但我还是全然地接纳我自己。

几轮过后，她说："其实是我的两条腿又笨又沉。"我们又针对这句话进行了敲击治疗，直到她说："我觉得身体轻松些了……我能跑一点了。"

有3种方法可以用来消除对运动的抵触情绪：

1. 描述你想到运动时的感觉，并针对它进行敲击治疗。所以你可能会说"我觉得懒洋洋的，不想动""太难了，我不喜欢流汗"或者"运动太辛苦了"。不管你内心发出什么声音，你都要针对它们进行敲击治疗。

2. 直接敲击治疗：尽管我不愿意运动，但我还是全然地接纳我自己。一般来说，更具体的问题描述语会取得更好的效果，但当你犯懒时（有时我们不愿意深挖自己的感受或寻找生活中所有事件的根源），就可以使用这样通用的问题描述语。几轮过后，阻碍你去运动的能量或许就不见了，接着你或许就会上跑步机或者做瑜伽了。

3. 寻找问题的根源。很明显，在消除对运动的抵触情绪上，这是最有效、最持久的办法，我会用莎伦的事例来说明。随后，我们还会寻找与减肥、运动、身体形象等有关的各种根源。

指点迷津

是什么让你难以行动？

下面这些事项符合你的情况吗？找出符合你情况的事项，并评一个分，然后针对它们进行敲击治疗！

如果我开始了运动，就得一直运动下去。

我真的不是运动员那种类型的。

太花时间了。

我请不起私人教练。

我买不起健身房的会员卡。

我太忙了，没有时间。

我经常出差，不能有规律地运动。

我太累了，没有体力去流汗。

如果我体力更充沛，我就得多承担事情。

敲击治疗后，莎伦有点儿想运动了，不过我想更深入一些。我让莎伦闭上眼睛，想象她站在镜子前面，镜子里是理想体重的她，那个她已经能穿瘦版的牛仔裤了。

当她想象她能穿瘦版牛仔裤时，她笑了。我问她：“这样的体重有什么不好吗？”这时她的笑容不见了。她很快回答：“我丈夫可能一天到晚要盯着我看了，我可不喜欢那样。”

莎伦跟丈夫的关系不好，亲密感已经褪去，她已经不大喜欢跟他待在一起了。这几年她一直在考虑离婚，但家里已有两个孩子，考虑到孩子就只好维持现状了。她害怕减肥以后变得更漂亮，感觉更好，这样就会吸引丈夫的目光，而她不喜欢这样。

她和丈夫的关系肯定需要治疗，但因为我们在关注她的体重和她对运动的抗拒，所以我们进行了下面的敲击治疗：

尽管我不想减肥，那样会吸引我丈夫，但我还是全然地接纳自己。

尽管我觉得穿瘦版牛仔裤不安全，但我此刻还是选择让自己感到安全。

尽管我不愿意让丈夫注意我，但我还是全然地接纳自己。

几轮敲击治疗过后，我让她想象同一幅画面，穿着瘦版牛仔裤站在镜子前面，然后告诉我她看到了什么，感觉到了什么。

“我能坦白地告诉丈夫，我不喜欢这样，而且这样让我觉得不安全。”她说，“可是谁知道呢？也许我看上去更漂亮了，心情更好了，我更有精力维系我们的感情了，我们的关系可能就变好了。”

下一步，莎伦该去检视她和丈夫的感情问题，然后把与这段感情有关的压力和负面情绪全部清除掉。起码她已经迈出了第一步，这会让她继续向前，越来越爱跑步，精力也越来越好。

几星期后，莎伦报告：

我开始跑步了。很多天来，我只能连续不停地跑 11 分钟。但今天我跑了 15 分钟！我很有成就感，因为第 12 ~ 15 分钟的路是一段缓坡，我感觉非常棒！我今天还称体重了，总共减了 12 斤，过圣诞节也没吃胖，我真高兴！

指点迷津

运动的好处和坏处

还记得第 4 章中我们讨论过改变的利弊吗？下面这些事项符合你的情况吗？如果符合，就针对它们进行敲击治疗。

运动和流汗有什么坏处吗？

这样我就完全没有时间放松自己了。

太贵了，我得买装备和器械，或者去健身房办卡。

精力好了就得承担更多的工作，担负更大的责任。

这样我就没有时间干别的事情了。

运动可能导致受伤。

维持现状的好处是什么？

我不用为了协调时间而发愁。

我可以放松、休息。

我不想去尝试陌生的、不熟悉的东西。

上健身课感觉太尴尬了，我不想丢人。

我不想半途而废，徒增挫败感。

当你找到抗拒运动的原因时，就能针对它们进行敲击治疗。

画一棵你自己的减肥敲击树

我们将针对减肥画一棵敲击树，以便识别出与体重、食物、健康、运动等有关的症状、情绪、事件和束缚性信念。

我已经按类别列出了一些你可能存在的问题，你还可以将自己能想到的问题添加进去。

树叶：症状和表现

超重10斤；

精力不佳；

大象腿；

我太胖了；

没有肌肉；

没有合适的衣服穿；

容易疲乏；

喘不上气来；

个人形象太差了。

树枝：情绪

愤怒；

难过；

尴尬；

自责；

害怕他人评判。

树干：事件

那一次，约翰说我很胖；

那一次，妈妈跟我说别再吃那么多东西了；

那一次，他们所有人都被邀请去跳舞了，只有我没有被邀请；

那一次，我穿不上漂亮的牛仔裤了；

那一次，丈夫说我完全不像 20 年前的样子了；

那一次，我的教练责备我不好好锻炼。

树根：束缚性信念

我减不下来，我试过了；

减肥太难了；

肥胖是基因决定的；

我天生就是这种胖人；

想减肥就得受罪；

减肥了就没有安全感。

信念来源于经历和我们从生活中获取的信息，我们把它们当作支持我们信念的“证据”。当我们通过敲击治疗把信念下面的这些“支柱”取走时，就能树立新信念。在新信念的指引下，我们就能作出新决策。

接下来我会与大家详细分享某些束缚性信念，你可以想想它们是否与你的信念相符。

束缚性信念 1：我减不下来

如果之前多次减肥失败，你可能发现你正在和一种想法作斗争，那就是“我减不下来”。你可能会认为自己只能减掉一点点或者根本减不掉。如果看上去根本不会成功，你很容易就会想“那还费什么劲”，这一态度的力量会超过你对健康饮食和运动锻炼的渴望，所以想采取任何行动前你都要激烈地斗争一番：

我以前试过，不管用……

我根本不可能减下来……

让自己受这罪没有一点意义，那还费这劲干吗？

或许你觉得减不下来是因为你的家人都为减肥头疼，所以你也应该这样，又或者有人曾经告诉你，你的新陈代谢缓慢，所以从那时起你就认为是你的身体不需要减肥。

家里人都减不了，所以我也减不了……

我的新陈代谢太慢了，所以减不了……

我的身体跟别人不一样，本来就这么胖，我还是全然地接纳我自己吧。

束缚性信念 2：减肥太难了

很容易看出，这一点为什么也能成为束缚性信念。毕竟堆积如山的证据都可以证明这一点！只要想想上一次节食有多么痛苦，就知道减肥不是一件容易的事，尤其还要准备那么多陌生的食物，要为每一种东西称重，还要学习新的烹饪技巧，而且还要运动，要培养新习惯，养成新习惯多难啊（这又是另一个束缚性信念）！跟这些问题相比，你想减肥的理由很快就站不住脚了。

这一束缚性信念特别适合采用敲击治疗清除，因为情绪释放疗法很能缓解这种挫败感。针对这种舒适区外的感受进行敲击治疗能增强你对陌生事物的耐受力，进而促使它们转变成你熟悉的东西！

尽管减肥太难了……

尽管我不想费那么大劲……

尽管我不想受那么多苦……

尽管没有坚持下去的毅力，但我还是全然地接纳我自己。

束缚性信念 3：想减肥就得受罪

你很可能认为这一信念确实是事实，因为你的经历就是这样，而且每一次节食都强化了这一认识。就算节食计划没那么严苛，你偶尔也能吃点喜欢的东西，但有些东西你还是得放弃。对大多数人来说，这一信念能引发很多感受，而每一种都是理想的敲击对象！比如恐惧、沮丧、愤怒、反叛。继续敲击吧，一边敲一边把你的感受大声地发泄出来吧！

尽管要减肥就不能吃糖……

尽管不能想吃多少就吃多少……

尽管上次减肥很受罪，这次又要减……

尽管我担心又不能随便吃东西……

尽管我不能吃自己想吃的东西，但我还是全然地接纳我自己。

束缚性信念 4：减肥了就没有安全感

在第 4 章中我们已经把改变充满风险的潜在原因一个个地揭示出来了。对减肥来说，这些潜在的阻碍同样发挥着很大的作用。除非想办法把它们清除，否则不可能取得我们所期待的成功。

尽管在意识层面，我们可能希望减肥，但潜意识恐怕会存在不想减肥的理由，而这些并不总是清楚明白，我们可能需要侦察一番才能让它们浮出水面。比如，如果你受过创伤或虐待，体重就可能是一种防御机制。超重的身体能让你感到安全，如果要减肥，你可能就得面临失去保护的危险，我们有保护自己不被伤害的需要，这是生存的本能。

尽管我担心招致别人的注意……

尽管减肥了我就没有安全感……

尽管减肥了他们就能继续伤害我……

如果减肥有可能威胁到你与他人的关系，你就会倾向于认为减肥是一种挣扎。我们的改变会影响我们身边的人，有时他们甚至会来拆我们好不容易才搭好的台。

尽管我减肥，母亲 / 丈夫 / 最好的朋友会生气 / 嫉妒……

尽管不跟家人一起吃饭会让他们不高兴……

尽管我想跟别人一样，逛街也能吃甜点……

在天性当中，保持稳定的身份认知是我们最强烈的驱动力之一。这是一种微妙的平衡，很容易被巨大的改变破坏。减肥成功后，你会是谁？原来说过的减肥以后要做的那些事情怎么办？是回去上学？还是跳伞？还是开始登台演唱？或许你还没有准备好去做那些事情。我们首先要针对妨碍我们过健康生活的想法进行敲击治疗，然后就可以决定是否做某件事，接着再对那件事单独进行敲击治疗。

尽管我担心减肥了就得有很多重大的改变……

尽管我不知道减肥后的我是谁……

尽管我担心减肥后仍然感到不快乐，但我还是全然地接纳我自己。

指尖敲出丰盛

充实你的减肥敲击树

继续充实你的减肥敲击树。你可能觉得，要填进去的东西实在太多，一定不要慌，一步一步来。不要忘了，对所有的问题都进行敲击治疗后，你会获得巨大的改变，不仅在减肥上，在生活的所有方面都如此。

你的减肥敲击树

症状 / 表现（树叶）：

情绪（树枝）：

事件（树干）：

束缚性信念（树根）：

第9章

营造健康的情感关系

CREATING LOVE AND HEALTHY RELATIONSHIPS

你选择走到哪里就将情感包袱背到哪里，还是选择医治、释放，将它们送还到原来的地方？

> 父母、孩子、配偶和朋友会继续触碰我们的隐痛，直到我们认清那些不愿意了解的有关自己的那部分。每一次，他们都会为我们指明自由的方向。
>
> 美国“功课”疗法创始人　拜伦·凯蒂（Byron Katie）

营造健康的情感关系

我们一见钟情。

实际上，这么说并不确切。因为这“一见”发生时，她只有10岁。多年以后我才发现，对她来说，当时确实是一见钟情，她当时对我十分痴迷，可那时的我只是一个18岁的懵懂少年，根本没有注意到妹妹的这位死党。

15年后我们重逢时，我确实对她一见钟情，可仍然有些不确定。

随后，敲击治疗改变了一切。

几年前，我的一段维系6年的感情结束了。对方人很好，我们对感情也都非常投入，可是事情并没有像理想的那样发展。尽管我知道分开终归是正确的选择，但过程仍然非常痛苦。

当时我进行了许多次敲击治疗。这个时候进行敲击治疗的好处就在于，它完美地开启了身体的自愈过程。我不相信，今天跟相处了好几年的女朋友分手，经过 1 个小时的敲击治疗，明天就能阳光灿烂，但是我真的相信，你能借助这一疗法快速摆脱痛苦，让伤心往事随风飘散。

如果不进行敲击治疗，你很可能会纠结在原来那个人身上，持续几个月甚至好几年。你可能会一直恨那个人，并且把包裹着痛苦和伤心往事的包袱带进下一次的情感经历中。敲击治疗能帮你原谅、忘记往事，然后继续向前。

之后，我又成了单身汉，而且不知道下一步该怎么办。我该怎么往前走？继续约会吗？我上一次的感情到底出了什么问题？我需要改变吗？是我的错吗？

一般情况下，人们会一遍又一遍地问这些问题，却找不到真正的答案，也画不上句号。当然，我也问自己这些问题，可我还有情绪释放疗法帮我渡过难关。

比如，当我想到重新开始约会时，下面的这些想法和感觉就冒了出来：

我都 31 岁了，去哪里约会合适呢？

上网行吗？填那么多资料，还得上传照片，多尴尬呀！

哎呀，还是不要瞎折腾了……

所以，我开始进行敲击治疗：

尽管我很发愁约会的事情，但我还是全然地接纳我自己。

尽管我还没做好约会的准备（我得上网吗？可是上网太不好意思了）……但我还是全然地接纳我自己。

尽管我不想走到外面去和他人约会，但我还是全然地接纳我自己。

你注意到没有？我运用的敲击治疗还是最基本的形式，你也能做。想想你在想什么，把你正在想的事情转化成问题描述语，然后就可以开始敲击治疗了。

每次进行敲击治疗时，我都感觉很放松，没过多久，我的认知也发生了变化。

“约会挺好玩的！肯定能遇上感兴趣的人。就算遇上悍妇，至少也能在朋友那里爆个笑料！”

那段时间，我进行了很多次敲击治疗，是它帮我愈合伤口、放手过去、展望未来。

几个月里，我针对数不清的、各种各样的事情进行了敲击治疗，以便让自己站稳脚跟。我每天都进行敲击治疗，为建立自己的新生活而努力。过后，我发现自己已经做好了准备，希望再次回到感情生活中去。我已经从敲击治疗中获得了新的能量，我要让我的生活继续前行，我要为自己找到一个完美的伴侣。就在这时，一个奇怪的念头冒了出来。

指点迷津

关于约会，你害怕什么？

看看下面列出的这些束缚性信念，其中哪些能够引起你的共鸣？你可以大声说出来，边说边体会，然后打一个 0 ~ 10 的分数。

费那个劲干吗？反正也没有用；

我不吸引人 / 我不够瘦 / 我没有钱 / 我不够有趣；

太花时间了；

我不知道该怎么约会；

我见人就发慌；

我太挑剔 / 我年龄太大了 / 我太古板了 / 我太忙了；

我有孩子了；

我的工作不允许我分心；

我没有时间出去。

还记得我在本章开头提到的那个女孩吗？那个我已经认识了 15 年的女孩，她叫布伦娜，一直是妹妹杰茜卡的死党。我们虽然认识，但只是偶尔碰巧见到，平常时不时地也能听到她的消息。我觉得她很招人喜欢，但我们完全谈不上亲密。不过在某些因素的促使下，我找杰茜卡打听了布伦娜在做什么，有没有谈朋友。杰茜卡迟疑了一下，但还是告诉了我她目前单身。我又问她，如果我们约会她怎么看。

8 岁的年龄差距对我来说已经不是问题。我设想，说不定她 10

岁时对我的爱慕还能帮上忙。尽管杰茜卡一开始有点不舒服，毕竟一个是她最好的朋友，一个是她的亲哥哥，但她最后告诉我，无论怎么看我们都很般配。

一时冲动的我给布伦娜写了一封电子邮件，后来也聊过几次，几星期后发生的一连串事情就把我们撮合到了一起。那是情绪释放专家卡罗尔·卢克主办的一次公共活动，我要在上面作一个关于情绪释放疗法的演讲。在那里，我遇到了布伦娜，她当时是志愿者。

开始的几天，我对布伦娜确实有种非比寻常的感觉，但我无法确信她就是我要找的那个人。

“布伦娜很不错，在很多方面都很适合我。”我跟卡罗尔说，“可我觉得她还不是我要找的那个人，我也不知道为什么，她好像没有对我敞开心扉，我想找一个能全情投入的人。”

碰巧的是，我跟卡罗尔说完这番话的第二天，布伦娜就来找我，她问我是不是可以花些时间跟她做一次一对一的敲击治疗，她想治疗之前那段感情经历。我同意了，同时也把心思从“我喜欢这种类型的女孩”转换成了“我会不遗余力地帮她解脱”，然后，我们开始了敲击治疗。

布伦娜告诉我，之前的感情经历令她非常痛苦。她的男友总是躲在厚厚的硬壳里，什么事都瞒着她。他还骗了她，在与自己交往的同时，他还有另一个女朋友。他也从未明确地给他们的感情画一个句号。总的说来，他就是个混蛋！从她的诉说中，我能看出她有多痛苦。

我们开始针对事情本身敲击。通常，这可以剥去伤痛最表层的部分，同时也是揭示更深层现实最简单的方式。当我们一边敲击穴位，一边谈论过去发生的事情时，我们往往会认识到更深层的问题。于是我们开始揭开事件下面深藏的伤疤。

布伦娜说她男友对待她的方式让她感到羞辱。“羞辱”二字是她内心最深处的伤痛和最主要的伤口，所以我们开始重点针对这一感受进行敲击治疗：

> 尽管我对那件事感到非常羞辱，但我还是全然地接纳我自己。

“羞辱”二字的意义非同一般，我们围绕着这两个字敲击了一轮又一轮，同样的问题描述语也重复了一遍又一遍。当你敲击治疗时，你也要时刻寻找能直达你心底的关键词，就像对父亲充满怨恨的朱迪，她只需一再地针对怨恨进行敲击治疗，大量的负面情绪就能得到释放。我们就针对布伦娜的羞辱敲击，让她流了很多眼泪，最后她终于长长地舒了一口气。

接下来，我们又针对她在那次经历中形成的信念继续治疗，比如“我无法信任男人”。很容易看出这一痛苦经历是如何造就了这样的信念。如果它没有被清除，同样的境况就会一再重现，或者为避免伤痛，她会远离情感生活。

看着布伦娜一步步放松自己、放手过去，我非常欣慰。她说她感觉好多了，而且谢谢我花了那么多时间为她治疗，可这并不是让我最兴奋的事，真正让我吃惊的事发生在晚饭时间。

那天晚上，我们坐下来一起吃晚饭时，我真实地感觉到她确实敞开了心扉，我对她的印象迅速改变。开饭不到10分钟，我就暗暗地对自己说：“这个姑娘太棒了，我爱上她了。”

到底是哪一点让我对布伦娜的印象完全不同于以往？这一点为什么那么重要？在治疗之前布伦娜害怕再次受伤，她把过去的负面经历带到了现实中，所以她的行为、选择、语言等都深受影响。

对我来说，我过去也曾害怕涉入感情，害怕再次失败，害怕再次心碎。不过我进行了很多次敲击治疗，所以后来布伦娜走进了我的生活。布伦娜也有类似的感受，她害怕再次受辱，所以不敢完全信任我。然而接受敲击治疗后，我们就幸福地在一起了。

对我来讲，整个过程最有意思的地方在于，当布伦娜放手过去、敞开心扉时，我对她的感觉怎么会发生那么大的变化？她的长相没变，做过的事情没变，个性没变，整个人最核心的部分也没变，她只是把过去的恐惧释放掉，将她的内心敞开了，可对我来说，这点将一切都改变了。

2012年9月22日，我和布伦娜结婚了。如果我们的故事不能证明情绪释放疗法的强大，我不知道还有什么能够证明！

你有多少“情感包袱”？

“她有很多情感包袱”“我不跟他约会，因为他的情感包袱太多了”。为什么我们不说小孩有情感包袱？因为他们大多都没有！“情感包袱”是我们从生活经验里收集来的负面情绪、标志性事件和束缚性信念，与我们形影不离。

和布伦娜在一起之前，我和她都背负着从过去的情感经历中带来的情感包袱。如果我们没有用情绪释放疗法清除它们，我们很可能不会在一起，或许更糟糕的是，我们可能会以一种不健康的方式在一起，彼此把过去的垃圾都带到现在的感情中来。

为什么我们总是一次又一次吸引同一类人？为什么随着年龄的增长，我们和爱人的关系反而越来越坏？你可能会想，随着时间的流逝和经历的增加，一个人的智慧也会增长。但对很多人来说，经历得越多，越容易疲惫，越容易发怒。这也是因为他们一次又一次从情感经历中带来了大量的情感包袱。

如果我们将情感包袱鲜活地呈现在眼前，它们就会让我们哭，让我们笑，或者让我们又哭又笑！现在，开动大脑想象你过往感情中的每一个负面经历、情绪和信念，如果它们都是你随身背负的包袱，你能走多远？

这个问题其实非常简单。你要么选择医治、释放，将它们送还到原来的地方，要么耗尽余生背负它们。假如你走到哪里就将它们背到哪里，你现在的情感关系会健康吗？你能找到对的那个人吗？

指尖敲出丰盛

清除过去的情感包袱

这个练习可以帮你寻找和清除来自过去的情感包袱。请关注不时闪现的特别记忆和念头，它们也需要你的治疗。

手刀点：尽管我有这么多情感包袱，但我还是接纳我自己。

手刀点：尽管我从过去的感情中带来了那么多的情感包袱，但我还是接纳我自己，并且选择想办法将它们放下。

手刀点：尽管我一直背负着这些情感包袱，而且它们正变得越来越沉重，但无论怎样，我还是选择接纳我自己。

眉毛内侧：这些情感包袱……

眼睛外侧：所有那些陈旧的伤痛和恐惧……

眼睛下方：痛苦和忍受……

鼻子下方：所有的眼泪……

下巴：我一直背负着这些情感包袱……

锁骨：把它们背进每一次感情当中……

腋下：用它们来提醒我注意防范危险……

头顶：可是，现在这些包袱是不是有点太重了！

眉毛内侧：所有这些幽灵一样的陈旧记忆……

眼睛外侧：或许我能找到一种办法……

眼睛下方：把这些陈旧记忆放下……

鼻子下方：我打算轻装而行……

下巴：也许我能重新对爱情充满期待？

锁骨：会有怎样的可能性到来？

腋下：我决定把一些陈旧的情感包袱放下，作出这个决定，我真高兴……

头顶：我已经准备好轻装而行。

你还可以通过下面的网址了解这一主题的更多信息：www.thetappingsolution.com/tap8。

父母的故事

父母往往是我们与爱人关系的第一个榜样，而且在我们的成长阶段，他们一直跟我们生活在一起，所以他们的言行对我们有很强的塑造作用。

在极端情况下，语言、肢体、情感上的虐待行为会一次次地在代与代之间重复。如果父亲生气时打母亲，孩子见到后就会下意识地认为这种行为是合理的。当然，不少孩子发誓永远不会像父母那样使用暴力，但这常常需要个体足够成熟，还要治愈这种代际模式。

即便家庭中不存在虐待，孩子也会习得其他的行为模式，并将它们带入日后的生活。紧张工作一天后，父亲会不会变得默不作声？母亲是不是总在唠叨？孩子看着这一切，他会学到生活就是这样子。

你可能比较熟悉哈里·查宾（Harry Chapin）的那首经典民谣《摇篮里的猫》（*Cat's in the Cradle*），这首民谣讲述了一个因工作繁忙无法陪伴孩子的父亲在退休后希望多陪陪长大了的孩子，以弥补以前的疏忽，但此时的孩子又因工作繁忙而没有时间了，于是父亲悲叹道，自己的儿子也成了他的模样。

我们能借助情绪释放疗法来破除这种代际模式，这样就可以避免将上一代的行为模式带入到新的感情当中。为了做到这一点，最有效的方式之一就是针对童年时期的事件和经历进行敲击治疗。一边回忆、再现父母之间发生的事情，一边针对形成于其中的情感、事件和信念进行敲击治疗，这样做能让你产生深刻的变化。

指点迷津

来自父母的情感包袱

你背负着哪些“经验”，下面的描述能否引起你的共鸣？

有爱就有痛；

无论情况有多坏，感情都是不能背叛的；

进入一段感情中，就得放弃原来的自己；

你得放弃喜爱的东西；

脾气大的人说了算；

不要谈论你的需要，也不要奢望它们会实现。

如果你不知道怎样从成长的家庭环境中寻找情感包袱，下面这些问题可能会帮助你！

在你成长的家庭环境中，父母是如何表达爱的？

父母是如何处理分歧的？

如果父母一方遇到了问题需要帮助，另一方是如何提供支持的？

谁说了算？你是怎么看出来的？

他们的关系如何？两个人该如何相处？

父母之间是如何表达亲密的？与其他家庭成员之间呢？

现在，把目光从你的家庭环境移开，转而想想（外）祖父母、姑姑、舅舅、叔叔、姨妈的家庭，再问问上面的问题，这样做往往能帮助我们认识到家族里代代相传的模式和信念。

曾经的情感创伤

埃米莉（Emily）离婚 1 年多了，但她仍沉浸在巨大的悲痛当中。15 年的婚姻生活破碎不堪，要想建立新生活，其中的困难可想而知。

尽管她知道，离婚绝对是最好的选择，但她仍然感到痛苦。尽管离婚后获得了解脱和成长，也经历了很多积极的转变，但她还是感到伤心。

她不想开启新的情感生活，因为实在太痛苦了，所以她把注意力全部放在事业上，好让自己不再想过去经历的一切。她知道她应该勇敢地迈出新生活的第一步，可她真的做不到。

我们坐下来敲击治疗时，她诉说了过去发生的各种事情以及她的感受。我将详细讲述这次治疗中最重要的部分，我将重点关注其中的问题描述语和提示语，如此你就能同时看到治疗的进展和来访者的转变，然后从中找出对你有用的部分加以利用。

你可以一边读以下部分一边回想上次的情感经历，看看是否有遗留的负面情绪没有解决，无论是愤怒、哀愁，还是悲伤。

问题 1：虽然我们已经离婚了，但总是见面、说话，我不知道什么时候才会是我们的最后一面，有时我觉得我们还没有结束。

分手很少是完美的：该说的没有说，不该说的又说了，或者说的时机又不对。情绪释放疗法能帮助你清除这些遗憾。

问题 2：回忆是最痛苦的东西，让我苦不堪言。

当和我们共同生活的人分开时，我们会觉得这个世界突然变得极其陌生，有时很小的事情就能勾起过往的回忆。如果我们没有将过去的关系医治好，就会一再地被带回到过往的生活中。这就是埃米莉当时的情况。

问题 3：我很担心他，过去我一直照顾他，他现在一个人，我感到很难过。

我们希望将关爱给予我们所爱的人，尽管这意味着有时我们会受伤，有时又得不到回报。

问题 4：我觉得我浪费了 15 年的时间去帮他寻找快乐，但我却放弃了自己的生活，对此我非常愤怒。

在这种情况下，首先显现的往往是愤怒，之后愤怒会转化为悲伤。然而埃米莉感受到的一直是悲伤，直到接受敲击治疗后，愤怒才浮出水面。在敲击的过程中，我们可以感受到她表现出的关爱和母性并不健康。当我们针对这一点敲击时，她积压的怨恨才开始显现出来。

问题 5：离婚的整个过程都一片混乱，法院宣判的那天更是乱到了极点。一说起那天的事我就难过得受不了。

治疗进行到这一步时，一段异常痛苦的记忆浮现了。我们不再进行平常通用的敲击治疗，而是一边敲击，一边详细讲述当天发生的事情。

问题 6：离婚后的生活很艰难，我渴望被需要的感觉。

这时我们已经针对愤怒、悲伤和特定的事件进行了很多轮敲击治疗，她已经开始认识到那段感情中存在的一些微小问题。只要把这些问题找出来并清除掉，下一次发展新的感情，情况就会大不相同了。

问题 7：我就要 41 岁了，现在怎么办？

治疗刚开始时，埃米莉根本没有考虑过发展新的感情。此时，她已经敞开了心扉，但随之而来的是与之相关的各种束缚性信念（比如年龄）。

问题 8：我已经准备好要把他忘掉了。

针对埃米莉的年龄和将来发展新感情的可能性进行过几

轮敲击后，她自发地宣布：“我已经准备好要把有关他的一切都忘掉了。”

以上内容显示了敲击过程中的问题转换。传统的治疗可能每处理一个问题就花去几个月的时间，而情绪释放疗法要快得多。

我们不需要在愤怒的泥潭里挣扎几个月甚至几年，我们只需花几分钟就能将它们清除，然后我们会思考以后的路该怎么走，接着迈出下一步。

我们可以借助情绪释放疗法抛掉过去的情感包袱，抛掉来自我们父母的情感包袱和代际模式，从而在内心最深处建立健康美满的情感关系。

让爱之花盛开在当下

很显然这些相同的包袱会出现在当前的情感关系中。如果你正在寻找一位恋人，情况也一样。我发现在情感关系的治疗中，针对以下两方面进行敲击治疗效果最好。

一方面是，想一想我们从父母的情感模式中学到了什么？我们从自己的情感经历中学到了什么？我们的过去对当前的情感关系正在产生怎样的影响？

另一方面所针对的事情没那么严重，也比较琐碎，比如和爱人之间的小别扭、意见分歧等。

如果对方特别开明，你们双方感情也比较好，那么你们可以考虑一起进行敲击治疗。不过我发现双方先各自治疗，把积压的情绪释放一部分，再一起治疗的效果会更好。

这里要提醒你注意的是，如果对方很气愤，你最好别说这样的话："为什么你不针对自己的情绪进行敲击治疗呢？"这么说往往会火上浇油！人们首先需要对方接纳自己的情绪和感觉，而不是被当作错误的、没有意义的东西拒绝。

所以一开始你应倾听对方的感受。当对方觉得自己被理解时，你就可以考虑一起进行敲击治疗，将负面情绪彻底释放。

同理，你要做的也不是"治疗"对方，情绪释放疗法可不是这样运用的，你要做的是处理自己的问题。

如果对方脾气不好，容易生气，不要奢望你能改变这一点，而要想你对她的愤怒有何反应，你是否表现出接纳和关爱，还是以眼还眼，以牙还牙。先认清自己的反应模式，然后运用情绪释放疗法有针对性地治疗，结果会让你感到惊喜的！

指尖敲出丰盛

情感包袱

我们在这里谈的是情感关系，所以不用画敲击树（如果实在想画，也可以画），接下来要做的是查看我们走到哪背到哪的情感包袱。

1. 来自情感经历的情感包袱。把迄今为止对你比较重要的关系都列出来，这段关系不一定要维持很长时间，也不一定要发展到恋爱阶段，只要对之后有持久的影响就行，包括暧昧、一夜情和办公室恋情等（尽管这种持久的影响可能仅仅是尴尬）。

2. 找出原因。你觉得某一段关系结束的原因是什么？在这里重要的是你对这件事的描述方式，而不是你最好的朋友或者兄弟姐妹作出的分析。

3. 结论。尽可能地回忆，你得出怎样的结论，例如：

我没有吸引力 / 我不聪明 / 我不性感 / 我不苗条 / 我没有钱；

我有孩子，对方无法接受；

我很穷 / 我依赖感太强 / 我嫉妒心太重；

我特别没有安全感；

是我不好。

4. 评分。针对某一结论，根据你主观感受到的真实程度打分。

你是什么时候开始有这种感觉的？

那时发生了什么事情？你看见了什么、听见了什么才得出这样的结论？

5. 放电影。针对与上述某一结论有关的事件，运用放电影法进行敲击治疗，把卡住的情绪能量全部释放掉。完成后再次将结论大声说一遍并评分，你很可能发现，这次的评分降低了很多。

6. 继续做。当你想起别的事情时，用同样的方法治疗，直到把卡住的情绪能量全部释放掉。

返回第 3 步，再次检查你所认为的关系结束的原因，你很可能发现这时你已经能够从新的角度看待那段关系了，你所看到的和你所感受到的都不一样了。

专家简介

乔·梅克拉博士

谈及情绪释放疗法的推广和普及，乔·梅克拉（Joe Mercola）博士是除这一疗法的创始人加里·克雷格之外贡献最大的人。梅克拉博士在芝加哥（Chicago）创建了自己的自然健康中心，同时通过他的网站 Mercola.com 向数以百万的用户提供了医疗信息和资源。这一网站创建于 1997 年，如今已经是关于自然健康疗法最知名的几家网站之一。梅克拉博士过去是一位骨科医生，此外，他还研究替代医学，主要专注于预防保健。

梅克拉博士强烈推荐情绪释放疗法。他第一次接触这一疗法是因为失恋，当时一位女性朋友将情绪释放疗法介绍给他，然后一起针对“不值得”这句话进行了敲击治疗。很快他就找到了问题的解决办法。短短几星期后，他又处在热恋当中了！这一次的体验促使他更深入了解情绪释放疗法，他也开始在自己的网站上介绍这一疗法。

我清楚地记得，那一次我坐在听众席中听梅克拉博士的健康讲座。他花了一个多小时详细讲述影响健康的重要因素，比如保证足够的维生素 D、吃新鲜食物、运动、服用某些膳食补充剂等。讲完后他总结，尽管这些因素对健康都非常重要，但还有一个因素十分关键，而且应当首先强调，因为它对健康影响最显著，那就是童年时期的心理创伤！那么他如何治疗这些创伤呢？不用说，当然是情绪释放疗法。

第 10 章

释放匮乏，创造丰盛

MAKING MONEY AND ACHIEVING YOUR DREAMS

没有拍过片子，没有制作团队，倒卖房子欠下100 万美元债务……尽管艰难，但他还是选择想办法让全世界知晓情绪释放疗法，最终，这位穷困潦倒的小企业主成了引领百万人踏上幸福征程的疗愈大师。

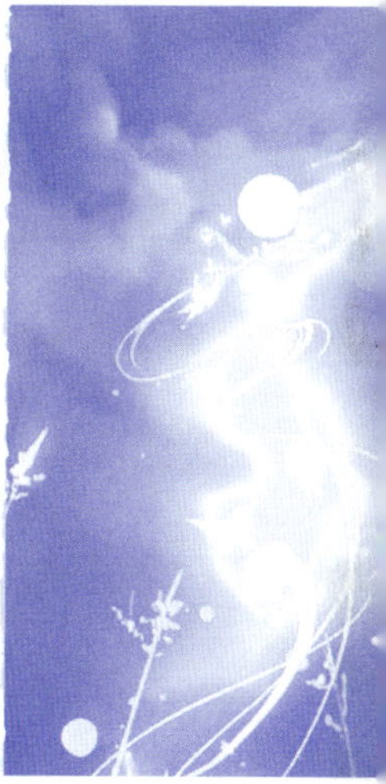

远离那些企图让你丧失雄心的人吧。小人经常如此，而真正的伟人会让你觉得你也可以变得伟大。

美国作家、幽默大师　马克·吐温（Mark Twain）

释放匮乏，创造丰盛

无论怎么想，我想做的事情都是不可能实现的。

好在，当时的我并不知道这一点……

那时候，我已经学习情绪释放疗法好几年了。不管是我的客户、家人、朋友还是我身边的其他人，只要愿意一试，我都会带他们进行敲击治疗。值得一提的是，无论是在自己身上，还是在周围人们的身上，运用敲击治疗的结果都令我大为惊讶。不过，更让我震惊的是加里·克雷格写的《打通你的气场》（*EFT Insights*）中的内容，这本书记录了情绪释放疗法在各种病症上取得的神奇疗效。事实上，正是缘于此，我才对自己说：“我要制作一部介绍情绪释放疗法的纪录片！”

如果这句话出自纪录片导演或者全职的情绪释放专家，似乎还比较正常，可它却出自一个正在买卖房子的人。这个人从来没有拍过片子，也没有钱（我当时住在一个不足 50 平方米的公寓里），更没有制作团队。

我迫切希望全世界都知晓这一疗法，我对此充满热情，谁也拦不住我，不过我不知道要让梦想成为现实，中间必须经历多少步骤。无知，有时候真的是一种福分！

想法诞生后仅仅两周，我就刷爆了我的信用卡，还翻箱倒柜地搜集零钱买价值 4 万美金的摄像机和音频设备，以及别人告诉我拍纪录片会用到的东西，我还把妹妹杰茜卡和最好的朋友尼克·波利齐找来做帮手。

我：嘿，杰茜卡，你知道情绪释放疗法是怎么回事吗？拍个介绍它的片子怎么样？我不知道怎么弄，不过这一定会很刺激。

杰茜卡：哦，我对拍片子一窍不通，不过我喜欢情绪释放疗法，那就拍吧！

我：嘿，尼克，既然你去了平面设计学院，那你就算是艺术家了。你还记得情绪释放疗法吗？我们以前用过好几次的那个？想不想拍一个介绍它的片子？你负责摄影和编辑怎么样？

尼克·波利齐：嗯……我从来没拍过纪录片，不过我肯定能做好，拍吧！

在这之后，我们还聊了很多，不过刚开始就是这样。我们有想法之后就去实现。当我在电台采访和现场演讲中谈起这件事时，我很高兴能向大家宣布，最终的成品《轻疗愈》是一部动人的、诚实的、制作精良的纪录片，已经销售了几万套，改变了世界各地人们的生活。

如果你听说有3个年轻人想拍一部纪录片，而他们既没有钱，也没有拍纪录片的经验，你可能会想最终成品一定比较粗糙，但在幸运之神的帮助和自身努力下（更不用说情绪释放疗法本身的神奇了），我们最终制作出了令我们引以为豪的作品。

我们是如何做到的？更重要的是，你如何运用同样的原理，在自己想做的事情上做出成绩、改变世界，同时在物质和精神方面获得回报？答案当然是运用情绪释放疗法！

从小企业主到疗愈大师

没有情绪释放疗法，就没有这部纪录片。拍摄这部纪录片之前的几年时间，我一直在进行敲击治疗。你可以说，有了情绪释放疗法这部纪录片才成为可能。

接触情绪释放疗法后，我很快就发现，我目前对于财富和成功的看法会对我以后的成长很不利。大学毕业后，我在一家公司只干了3个月就辞职了。之后的8年里，我一直是个企业主，我喜欢企业主的自由，但企业的财务状况不稳定。我总是激情四射地为一件事情忙一阵儿，然后就兴趣全无。我无法长期关注于一件事情，也无法持续拥有激情，结果可想而知。

就在我开始拍摄纪录片时，形势急转直下。哥哥、父亲和我做着买卖房屋的交易，我们买来房子，将它修葺一新，然后再卖个好价钱。这桩生意让我有一种满足感，因为我喜欢看着破旧的老房子焕然一新，然后迎接幸福的新主人，但它无法满足我深层的愿望。就在我开始拍摄纪录片时，房地产市场的行情开始直线下跌。

这时我们手上积压着 30 多处房产，它们不仅持续贬值，而且根本卖不出去。无奈之下，我们将这些房产租的租，卖的卖，最后却发现我们欠了 100 万美元！而且这笔债务不是公司倒闭就可以逃掉的，这是个人借贷，我们 3 人都要还。

没有了资源和本钱，大多数人都会在这个节骨眼上打退堂鼓。确实，当时决定继续拍摄纪录片是一个很冒险的决定。欠着 100 万美元，还在疯狂地追逐梦想！但我对自己说：“我要弄明白为什么会这样，我要想办法扭转局面，同时我还要专心拍摄纪录片。”我也深刻反省过，看清了造成当时那种境况的原因。

我在金钱、事业和财务上的情绪和信念对我很不利。如果你不喜欢自己当前的财务状况和职业，我想原因也与我一样。我本可以埋怨经济形势，埋怨那些盲目冒进、搞乱房地产市场、造成次贷危机，然后又让我们这些升斗小民承担后果的公司和企业，但我个人要承担起责任。我问自己：“我到底怎样看待财富？为什么我会走到今天这个地步？”

我们来看看当时我在财务方面的敲击树，我会写得很详细，这样你就能想象出自己的敲击树是什么样子。

记住，这不仅仅是一个小小的练习或一幅漂亮的图画，它实际操纵着你的财务状况。

如果你想得到改善，你就得改变你的情绪反应模式，治疗你在财富方面的心理创伤，同时调整潜在的起支持作用的信念系统，否则，即便你做出任何新的尝试，你也逃不开过去的负面经历、情感和信念的控制。

我的财务敲击树

树叶：症状和表现

财务状况不是特别好就是特别坏；

钱总是不够；

对工作缺乏热情；

要付的账单太多；

住着很小的房子；

没有空余时间。

树枝：情绪

压力大；

焦虑；

恐惧；

提不起精神；

烦闷。

树干：事件

五年级的那件事；

上一次财务状况好的时候；

袋鼠船长的故事；

财务状况时好时坏的循环。

树根：束缚性信念

我不想引人注目；

富人不好；

如果我富有了，工作就会太忙；

做自己喜欢的事情挣不到钱；

我不想被别人批评；

挣钱本身让我打不起精神。

在这些有意识或无意识“程序”的操纵下，难怪我会落到这样的地步。我在财务和职业方面的信念一点都不给力，是它们引发了那些事件，那些事件进一步影响我的情绪，我的情绪又进一步造成现在的状况。很多情况下，我们只关注树叶，也就是症状和表现，尽管它们并不是问题的根源。这是我在接受敲击治疗前的敲击树。看着这棵树，你能想象我会不管不顾地取出 4 万美元，接着又鼓动妹妹和最好的朋友来加入这个项目吗？而且最重要的是，你能想象它居然能成功吗？

当然不会！在那样的状态下，这种事根本不会发生。我只能掰着大拇指，想象各种失败的原因，然后消沉、焦虑、心怀不满。如果你也在事业或财务方面遇到了困难，你一定要看看你的敲击树，弄清楚现状下面隐藏着什么。能够改变现状的不是另一个宏大的想法、快速致富的计划或什么重大机遇，这些东西一文不值，真正重要的是健康的财务敲击树。有了健康的财务敲击树，一个人才能够承担起这些东西，并且让它们成为现实。

在本章结尾，你将有机会填充自己的财务敲击树，以便真正看清你的现状，不过现在，我还是继续讲述我们拍摄纪录片的故事，希望你能从中吸收一些有用的东西，获得类似的成功。

在拍摄纪录片之前的几年里，我进行了无数次敲击治疗。正是这些治疗让我开始接纳新的机遇和改变，是它让我抛弃陈旧过时的想法，树立起新鲜有力的信念，让我有信心向着积极的方向前进。

> 如果我仍然害怕引人注目，这部片子根本就不会问世。
>
> 如果我仍然相信富人不好，我就不会从劳动中获得可观的经济收益。
>
> 如果我仍然担心成功意味着更加繁重的工作，我就会想办法阻碍自己的成功。

要想改变我的境况，这些信念必须改变。想在不改变这些信念的前提下得到改善，基本上是痴人说梦，不过是不是感觉很熟悉？我们当中的大多数人正在这样做！在拍摄过程中，我还得针对财务压力、房地产债务压力和拍摄纪录片的压力进行敲击治疗。在不断治疗下，事情逐渐有了改善。最终，我制作出了一部成功的纪录片，同时完全摆脱了债务的纠缠！

当然，虽然我已经围绕财务状况进行了这么多的敲击治疗，但我仍然不能“点到为止”。生活在不断地给予我们更新的、更大的挑战。战胜这些挑战，我们才能获得成长、找到快乐、体验满足。情绪释放疗法的好处在于，它能帮你接受更有趣味的挑战，这些挑战比大多数人面对的要有意思得多。今天我的挑战已经不是支付电费，而是在10 000 名观众面前自信地演讲，针对这样的挑战进行情绪释放治疗确实是一种愉快的经历！

对我来说，面向更多的观众演讲是我下一步的目标，也是我此时运用情绪释放疗法所要征服的挑战，“下一步”的思维方式将极大地帮助你实现自己的梦想。

只需关注“下一步”

有一次我做了一个小型的演讲，演讲的题目是“激情创造财富”。你一定能猜得出，这次活动的主题是关于如何将个人的激情投入到能够获利的产业中去。我分享了自己拍摄纪录片的过程，同时强调我是如何运用情绪释放疗法迎接每一次新的挑战、沮丧和挫折。从前的我，面对这些挫折，会感到浑身无力、无法向前。此外我还重点提到，我只为“下一步”担心。“下一步”是指眼前的事情，如果不做，事情就无法继续。当我有了想拍摄一部纪录片的想法时，我的第一个问题是：“我能找谁来帮忙？”这个问题回答完后，我接着问自己：“拍片子需要什么设备？”每一次，我只采取必要的行动来解决我的“下一步”问题，同时整个项目也在不断向前推进。

我猜想在那次演讲中，我肯定没把这一点的重要性解释清楚，因为现场观众提出的第一个问题就完全忽视了“下一步”的原则！

一位女士走到话筒前说：“我看你制作了一张光盘，我也想制作一张。你能告诉我光盘应该怎么制作吗？我以前没制作过，不知道怎么做。”

我回答：“嗯，我很乐意帮你解答。这么看，你光盘里的内容已经全部准备好了，现在就是要找人把它做出来是吧？”

“不是，我正在准备光盘的文字部分……还没有完成，但我很担心最后怎么把它们制作成光盘。”

你能猜到我是怎么回答的吗？这不是“下一步”！这里的下一步是指准备光盘的文字部分，再下一步是录制，接着是片子的剪辑，至于如何把这些内容做成实体的光盘则完全不是现在要考虑的事情！

她觉得困难是因为同时关注的事情太多，而没有把注意力放在目前最重要的事情上。类似的情况，我总是一次又一次地见到。最终目标、大的愿景虽然很重要，但将它们弄清楚后，接下来要做的就只是眼前的事情了。

运用这一原则进行情绪释放治疗的神奇之处在于，这样做对识别“下一步”非常有效。这里的下一步就是指你要跨越的下一个障碍，它现在就横在你眼前！

尽管涉及这个项目的所有事情快要让我崩溃了……

尽管我不知道接下来该做些什么……

尽管对于这件事该怎么做，我还没有想清楚……

尽管我不在状态，不知道自己在做什么……

那位向我提问题的女士可以用这样的问题描述语来进行敲击治疗：尽管我不知道怎么制作光盘，我快愁死了……这样，她很快就会认识到，一切都井井有条，她只要把眼下要做的事情做好就行了。

敲击治疗能消除我们在事业和财务上的纷扰，让我们从精神上、心理上甚至体力上更好地应对生活的挑战。今天现代生活的节奏越来越快，我们的目标、愿景和梦想也变得越来越复杂。崩溃感过于强烈，有可能让我们什么事都做不了。情绪释放疗法是消除这些纷扰的重要且简单的工具，它能为我们营造一个安静的空间，在那里我们才能多方权衡，做出最明智的决策，然后迈出下一步。

扼杀梦想的拖延症

尽管我不想再写下去了……

尽管我已经写累了，想看看电视……

尽管我想把这件事情推到明天，但我还是全然地接纳我自己。

砰、砰、砰……我不想再写了……砰、砰、砰……我想看电视……

这就是 5 分钟前的我。是的，这就是真实的敲击治疗！

我写累了，坐不住了。所以我对自己说，敲击治疗 5 分钟，看看感觉怎么样。我做了，然后就是现在这样：没有拖延！

有时候情绪释放疗法就是这么简单，一天抽出几分钟就可以了。每当遇到困难，感到沮丧或想偷懒时，你都可以试试情绪释放疗法。当然，运用情绪释放疗法解决生活中的巨大难题非常有效，不过解决起小问题来，它也同样“身手不凡”，因为大问题都是由小问题积攒而成的。

拖延是一件很平常的小事情，但它却是人生的大问题。它扼杀梦想，浪费价值千万的想法，让人很多年止步不前。

如果你做什么事都完不成，总把事情拖到以后，然后又对此懊悔不迭，你的这种表现很可能来自某些深层的信念和创伤。一般说来，治疗日常的拖延并不困难，只要进行一些敲击治疗，让能量重新流动起来，然后把事情向前推进就行了。

用情绪释放疗法治疗拖延症的好处在于，它不一定让你埋首于事件当中，而是帮你消除纷扰，将你带到一个安静的地方，然后你就能决定那一刻你该做什么。有时我运用情绪释放疗法治疗在某个项目的拖延，结果是我会从繁重的工作中抽身离开一会儿。因为我认识到，确实需要呼吸点新鲜空气，于是我会出去散散步，让大脑休息休息，稍后再高高兴兴地回到工作中去。

有时我运用情绪释放疗法治疗在某个项目上的拖延，结果会让我认识到，我根本就不想做这个项目！此时我会下定决心放弃它或换一种方式实施。如此运用情绪释放疗法，能够为我们带去明晰、专注和觉知，似乎唤醒了更多的脑细胞参与工作。此时我们就能做出更加明智的决策。当我们追寻自己的直觉时，我们总能获得更好的结果。

指尖敲出丰盛

从拖延症模式中解脱

当你开始在某件事情上拖延时，你可以试试下面的敲击治疗。

手刀点：尽管我不想，但我还是全然地接纳我自己。

手刀点：尽管我真的觉得继续不下去了，我就是不想，但我现在还是选择放松。

手刀点：尽管我不想，就想做点别的，但我还是全然地接纳我自己。

眉毛内侧：我就是不想继续做这件事了……

眼睛外侧：我想做点别的……

眼睛下方：我做不下去了……

鼻子下方：我又像往常那样开始拖延了……

下巴：我在想，为什么我不愿意做这件事……

锁骨：到底出了什么问题……

腋下：我就是不想做这件事了……

头顶：我宁愿做点别的。

眉毛内侧：我觉得做不下去了……

眼睛外侧：真的做不下去了……

眼睛下方：我想拖一拖……

鼻子下方：我做什么都不想做这个……

下巴：我为什么不想做这件事……

锁骨：我不做行吗……

腋下：我为什么要做这件事……

头顶：为什么要做？

当你感觉好一些时，再来几轮正面描述的敲击治疗。

眉毛内侧：我要搞清楚我想做什么……

眼睛外侧：我选择放松身体……

眼睛下方：我选择放松大脑……

鼻子下方：把这件事情想清楚……

下巴：继续进行是安全的……

锁骨：我已经准备好继续向前了……

腋下：并且把阻碍我的东西清除掉……

头顶：现在就把阻碍我的东西清除掉，让自己重新明晰起来。

深吸一口气……然后放松。

你还可以通过下面的网址了解这一主题的更多信息：www.thetappingsolution.com/tap9。

继续敲下去，一轮接着一轮，尽量让自己的感受更加具体，同时察觉随时涌现的记忆和感受，直到你觉得是时候迈出精彩的下一步为止。

奇迹总是一个接一个出现

情绪释放疗法世界峰会是每年一度的在线盛事，免费向公众开放，过去几年，参加的人数已经超过了 50 万人。在峰会期间，我经常被转变巨大的神奇案例所震惊。

去年有一个案例更是引人注目，因为它是实时发生的。阿莉莎（Alyssa）是一名有两个孩子的年轻妈妈，已经失业了好几个月，为前途忧虑不已。她参加过很多次面试，她知道就业形势很不好，竞争异常激烈，自己很难找到工作。对于申请的职位，她觉得不是自己达不到要求，就是能力超过了工作需要，似乎没有什么职位适合她。带着这样的想法，每次面试她都会紧张，平时也总是灰心丧气。结果几个月过去了，她还是没有找到工作。

一个星期六的晚上，当时她在听峰会的一场报告。报告的内容大部分都在我们这一章里谈到过，比如我们的情绪、过去的经历和束缚性信念如何让我们停滞不前，并一再重复同样的模式和结果。阿莉莎认识到自己有这样的信念：

> 就业形势严峻；
>
> 竞争激烈；

找到工作（或满意的工作）不太可能；

不是自己达不到对方的要求，就是自己的能力超过了工作的需要。

她明白了这些信念是如何引发她的焦虑、紧张和其他负面情绪。

当阿莉莎认识到这些时，她开始针对它们进行敲击治疗。紧接着，她发现自己的想法完全变了，有如神助一般，她感到充满希望，心里非常兴奋……她知道，有一份理想的工作就在那里等候着她。

第二天上午，她去参加了一次早先约好的面试。稍晚些时，她给我发了一封电子邮件，告诉我发生在她身上的事情。

她讲到前一晚的敲击治疗，讲到她感受到的巨大转变，讲到面试进行得多么顺利。实际上，面试官告诉她，她先前申请的那个职位已经招满了，但还有一个薪水更高的职位空缺，而她非常适合那个职位，他们会在第二天决定是否录用她。果然，第二天阿莉莎说她已经得到了那份工作！

我们仔细分析就会发现，很显然阿莉莎得到工作，是因为她进行了敲击治疗。之前，她会带着紧张和焦虑进入面试，面试官很快就能觉察出来。她脑子里充满了负面的想法，这不仅会影响她的情绪和对问题的回答，还会影响她的形象，而且更微妙的是，她的负面想法还会影响面试官。

敲击治疗后，阿莉莎变得平静、自信，也放松了很多。她相信自己的能力，也相信能找到很好的工作。对于这样一位人才，谁不愿意雇佣呢？

清理、清理，扭转你的金钱模式

哦，天哪！很对不起，这章就是写怎么赚钱、怎么从债务中脱身、怎么成为百万富翁？我们已经花了不少时间讨论敲击树、束缚性信念、“下一步”原则、拖延症等。你能读到这，说明你想赚更多钱！

有些话我已经说过，现在还要再说，直到它深入你的骨髓，成为你的一部分为止。你必须首先治疗你的束缚性信念、过往事件和你经常感受到的情绪，其余的一切自然会明朗起来。这一过程，我已经多次见证过，我的亲身体验也可以证明这一点。

现在，我每天跟所爱的人一起做着自己喜欢的事情，同时改变很多人的生活。这并不是因为我找到了快速致富的方法，也不是因为我继承了一大笔遗产或找到了一个好老板，而是因为我把阻碍我前行的束缚性信念清除了。这样一来，其余的一切自然都会明朗起来。

你也可以做到！只是，你得先做一些努力。你得非常细心地体会并找到你秉持的信念，识别积压了情绪能量的事件，改变让你不断重复的情绪模式。

现在，我们就来一起做，看看你的财务敲击树是什么样子。

指尖敲出丰盛 1

画出你的财务敲击树

把相关事项填进你的敲击树，这样你就能对自己的财务状况有直观的感受。或许看到纸上的这一切会让你感到痛苦，因为你真切地看到了自己的想法、感受和作为，但这是一件好事！当你直观地看到自己在财务方面的信念时，你就能清楚地认识到当前的现实，以及在改变这一现实的过程中所要经历的每一个具体的步骤。

树叶：症状和表现

树叶代表你当前的财务状况。诚实一些，把你的情况真实地反映出来。如果你有外债，那么这是一种表现，你就要写进去；如果你的薪水不够支付账单，写进去；如果你没有工作或你挣的钱不少，但还是过得很拮据，也写进去。把能代表你当前财务状况的所有事项全部写进去。

树枝：情绪

看了你的财务状况，感觉怎么样？生气吗？难过吗？失落吗？尴尬吗？羞耻吗？这一切让你感到气愤吗？财富给你的感受是什么？名望呢？

树干：事件

在金钱、财务和职业生涯方面，有什么不好的事情发生吗？还记得你的第一份工作吗？在你的成长过程中，父母的财务状况如何？还记得孩童时期与金钱有关的某一次或某几次负面经历吗？家里经常谈论与财富有关的话题吗？

树根：束缚性信念

这些才是真正重要的东西。你的财富观是什么？你是怎么看待“追逐梦想”这四个字的？你对职业发展有什么基本的看法？反复地大声说："财富是……"

以下是关于财富的一些最常见的束缚性信念，你占几条？

挣钱是一件困难的事；

世上没有足够的钱分给每个人，如果我挣钱多，就是切掉了别人的饼；

要想挣到钱，我必须努力工作；

只有积累了大量的知识和技能，我才能挣到很多钱；

我不配比现在挣得更多；

钱来得不容易；

我不可能同时拥有时间和金钱；

我必须节衣缩食；

富人对上帝不虔诚；

金钱是罪恶的根源；

富人是……（把你最常说的负面评价填进去）

金钱买不来幸福；

钱不是风刮来的；

我来自一个并不富裕的工人家庭；

钱总是从我的指缝里溜走；

坑蒙拐骗才能弄到钱；

我运气不好，挣不了大钱；

事情一到我这里就变得困难了；

我付不起钱。

你的财务敲击树

症状 / 表现（树叶）：

情绪（树枝）：

事件（树干）：

束缚性信念（树根）：

指尖敲出丰盛 2

一步一步，实现梦想、目标和抱负

很多人都对我说，他们最关心的问题就是金钱，所以，我在这里多加了一点练习。如果你真的想改善自己的财务状况，实现自己所有的梦想、目标和抱负，那就把这些练习都做完！

通常情况下，我们的梦想、目标和抱负一般都超不出下面这几条：

挣 100 万美元；

出一本书；

环游世界；

做慈善事业；

……

把你的目标写出来，这样做确实是一个很棒的开始。如果你没有足够深入地思考或没有找出妨碍你实现它们的束缚性因素，它们很可能不会像你想象的那么快速完美地实现。你可能已经知道很多关于如何有效设定目标的建议。比如，将目标视觉化、情感化、设定时限、经常回顾、详细描述目标实现后你所体验到的感觉等。

这些建议都很好，只是如果你的各种想法没有在你的目标上取得一致，你一定会浪费许多时间。我这里所说的一致不仅是一种表浅的、显意识上的一致，而且是一种包括潜意识和无意识在内的多层次的一致。你需要找出心里的“如果……该怎么办”和“这样很好，可是……”的声音，你需要检视你在情绪和心理上的限制性因素。当你这样做时，你才能跳出自我的循环。在这之后，你才能避免那些常见的模式和自我阻碍的行为。

对你治疗的相关目标和梦想来说，它们的内容、层次越丰富，最终的效果就越好。

你可以集中精力每天敲击一项，连续敲击 30 天，看看会发生什么。

第 1 步：把你的梦想、目标和抱负写下来

你可以锁定一个具体的目标（比如，我想一年挣 100 万美元）、一个宽泛些的目标（比如，我想跟母亲和平相处）或一个愿景（比如，我要制造巨大的社会变迁）。

不要担心措辞问题，只要是脑袋里想到的词句，就是正确的，而且一定要写下来。

第 2 步：把你对目标的第一感觉写下来

把目标读出来时，你感觉如何？你心里的各种想法完全统一了吗？你的身体有什么反应？你可能会写：“我把目标读出来时，我觉得不舒服 / 很兴奋 / 很焦虑……”尽量描述得具体些，并且给每一种感觉强度评分，最低 0 分，最高 10 分。

如果你把目标读出来时感到焦虑，你就这样写："我感到焦虑，强度是 8。"

你所记录的情绪或感觉可以不止一种。如果你感觉紧张，写下来；如果你感觉有点恶心，写下来。记得同时记录评一个从 0 ～ 10 的分数。

第 3 步：别人会如何评论你的目标？

家人、朋友、同事、邻居，谁第一个在你的脑中闪现，你就想象当你把目标告诉他时，他会说什么。

如果那个人是你的母亲，你就想象母亲的回答："你这个想法太不切实际了！"把这句话记下来，并在后面加上你对这句话的感受，写得具体些，再给出一个评分。

第 4 步：你怎么看待你的目标？

你可能会说："我觉得这有点不太可能……我从来没做过这个……你当自己是谁呀？"注意由此引发的感觉，尽量详细地描述你的感觉，再给出一个评分。

第 5 步：将负面的感觉敲出去，把正面的感觉敲进来！

认真检查每一项，只要有问题出现，就针对它进行敲击治疗，直到感觉的强度降到 0 为止。

在这期间，请注意任何浮现出来的新问题。你可能一次完不成，所以慢慢来吧。

当你把所有问题（一定要注意挖掘更深层的问题）都治疗后，你就为实现你的目标扫清了障碍。

指尖敲出丰盛 3

将负面的感觉敲出去，把正面的感觉敲进来

我们通过一个示例来看上一个练习当中的5步是如何进行的。

如果你正准备进行敲击治疗，那么就开始吧。

第1步：把目标写下来

例如："我一年要挣25万美元。"

第2步：感觉如何?

例如："看着这个目标，我觉得有点紧张，心向下沉，感觉压力很大。当我闭上眼睛时，感觉它的强度是7。我问自己这是什么感觉，是焦虑，现在，我要针对这种焦虑进行敲击治疗。"

手刀点：尽管我的心向下沉，但我还是全然地接纳我自己。

手刀点：尽管面对一年挣25万美元的压力，我感觉心向下沉，但我现在还是选择放松。

手刀点：尽管我看着这个目标时感觉身体不舒服，但我还是全然地接纳我自己。

眉毛内侧：这种心向下沉的感觉……

眼睛外侧：我觉得有点紧张……

眼睛下方：这种心向下沉的感觉……

鼻子下方：就在我心里……

下巴：这件事让我觉得压力好大……

锁骨：我觉得焦虑……

腋下：特别焦虑……

头顶：心情特别沉重。

继续针对随时浮现的问题进行敲击治疗，当你觉得好些时，再进行几轮正面描述的敲击治疗。

眉毛内侧：我现在选择放松……

眼睛外侧：同时释放这种沉重的感觉……

眼睛下方：把它们全部释放……

鼻子下方：从我的心里全部释放……

下巴：所有这些焦虑……

锁骨：现在全部释放掉……

腋下：一年挣 25 万美元的恐惧……

头顶：现在全部释放掉。

第 3 步：别人会如何评论你的目标？

例如："如果我告诉我的朋友，我想一年挣 25 万美元，他们当中有一半会笑话我，另一半会说我太贪心。当我想象把这件事告诉朋友时，我觉得自己很渺小，一点也不自信。这种感觉的强度是8。”

手刀点：尽管我没有信心把我的目标告诉朋友，但我还是全然地接纳我自己。

手刀点：尽管我不希望我的朋友知道我的目标，但我还是全然地接纳我自己。

手刀点：尽管我知道，当我把目标告诉他们时，他们会对我指手画脚，但我还是全然地接纳我自己。

眉毛内侧：我不想告诉朋友……

眼睛外侧：当我想象把目标告诉他们时，我会觉得自己很渺小……

眼睛下方：这种很渺小的感觉……

鼻子下方：我担心他们会对我指手画脚……

下巴：我担心他们会不喜欢我……

锁骨：我不知道我的朋友会怎么想……

腋下：如果我把目标告诉他们……

头顶：或者我真的实现了我的目标呢？

现在，再进行几轮正面描述的敲击治疗。

眉毛内侧：我要把这种渺小的感觉释放掉……

眼睛外侧：我感觉自己很强大！

眼睛下方：我对我的目标充满信心……

鼻子下方：我要释放任何与目标有关的焦虑……

下巴：我相信我能拿到我想要的东西……

锁骨：我相信会有贵人相助……

腋下：现在我感觉既自信又强大……

头顶：既自信又强大！

继续进行第 4 步的敲击治疗，治疗的对象就是那些关于目标的束缚性信念。把负面的信念清除掉，需要时重复几轮！

这一过程的要点在于，你要让你的问题和感受具体化，接着再加以系统性的敲击治疗，也就是把遇到的不同方面的问题一个个地全部清除掉。

如果你想把这一过程彻底地进行一遍，那么一次很可能完不成，所以你要额外安排一些时间出来，可以每天只关注一个步骤。尽管你得花几天甚至几个星期的时间，但只有做得彻底，效果才能更好，如果匆忙行事，你可能遗漏掉某些正在影响你的深层信念。

第11章

释放恐惧，回归本心

ELIMINATING PHOBIAS AND FEARS

你有哪些恐惧？它们对你的生活造成了哪些影响？因为这些恐惧的存在，你对你自己和周遭的世界形成了怎样的看法和信念？

大多数研究证实，人最大的恐惧是当众演讲，其次才是死亡。死亡仅仅排第二？这意味着，如果你去参加葬礼，即使你躺在棺材里也比上台讲话好受些。

美国喜剧艺人　杰里·塞恩菲尔德（Jerry Seinfeld）

释放恐惧，回归本心

林赛（Lindsay）极其害怕小丑。

我知道，这听起来很可笑，我甚至能听见你小声嘀咕：“小丑？真的吗？居然怕小丑？你不是在说笑吧？”但事实就是如此，小丑让林赛恐惧至极。尽管我们觉得好笑，尽管林赛自己也知道这种反应一点都不理性，但她还是害怕。

林赛是一个有趣、活泼、充满欢笑的 24 岁女孩。5 岁那一年，她看见父母在看电影《小丑回魂》（*It*），里面刻画了一个无比凶残的小丑。尽管她对这一场景完全没有记忆，但她的父母认为她害怕小丑应该就是从这件事开始的，很显然，一定是有什么东西在她心里留下了阴影。

我知道她害怕小丑，但不知道她有多害怕。后来另一位同事告诉我，有一天林赛看到一幅小丑的图片，吓得哭了起来。我当时才意识到，这是一种对她生活造成巨大影响的恐怖症。

所有恐惧都存在条件反射，恐惧不符合逻辑，而且没有任何实际意义，一旦这一模式被植入系统，意识就无法再压制它。尽管小丑恐怖症看上去比较有趣，但其模式和其他恐怖症是一样的，不论恐惧的对象是公众演讲、封闭空间、高度、针，还是真菌、疾病、牙医、蛇。恐惧的发生通常与负面的经历有关，模式会一再重复，每次都会重现当时的情景。

你可能会说，人对蛇的恐惧是真实的，因为蛇可能带来危险，而对小丑的恐惧则不真实，因为小丑并不危险。是的，人类有一种天生的、遗传的倾向，就是聪明地提防有潜在危害的蛇。这与我们所说的恐惧有很大不同，如果有一条毒蛇此刻正出现在我们的办公室里，我们的恐惧就是自然而且理性的反应。

恐怖症的不同之处在于，它是非理性的。在面对 5000 名听众演讲时，多数人都有些紧张，就算是身经百战的老手，也还是会有一点点的激动或兴奋。而恐怖症就不同，它会让我们一开始就躲进假想的恐惧情境中！

你可能还记得罗格·卡拉汉在治疗玛丽的恐水症时所获得的治疗突破。当时，敲击治疗一结束，玛丽的恐惧感立刻就消失了。情绪释放疗法不仅对玛丽有效，它对所有种类的恐惧和恐怖症都有极好的疗效。

失去了恐惧的自己会是谁？

仅仅经过大约一小时的敲击治疗后，我们就治好了林赛的恐怖症。我将把治疗的过程记录下来，因为不管你恐惧的对象是什么，治疗的过程是相似的。仅仅谈论小丑就会让林赛紧张害怕，我们先使用了最简单、也最通用的问题描述语：尽管我害怕小丑，但此刻我还是选择放松。然后，我们开始按顺序敲击穴位，同时不断重复“我怕小丑……我紧张……我有压力……”就这样一直敲，直到她平静下来、放松下来。

之后，我再问她这种恐惧是什么时候开始的。她告诉我，她父母认为她是小时候看电影《小丑回魂》被吓到了，不过她不记得这件事，陈述当中也不紧张。但为了慎重，我们还是对此进行了敲击治疗。这时的问题描述语是：尽管我小时候看了那个恐怖的电影，但我还是全然地接纳我自己。这时，我们又面临无法打分的问题，因为她对这件事完全没有感觉，但我还是觉得，聪明的做法是继续敲击几轮，以防万一。

这一步完成之后，林赛非常放松，所以我们决定进入下一步。

面对恐惧一定要循序渐进，所以我继续问林赛：“如果现在，我给你看一张小丑的图片，你会有什么感觉？”注意，我这里并没有说，“我要给你看一张小丑的图片”或者“现在请你想象一个可怕的小丑”，我得让她循序渐进地进入这一过程。

“我会感到害怕。”林赛回答，“我现在就有点紧张。”于是我们继续敲击，问题描述语是：尽管我感到害怕……直到她再次平静下来。

“林赛，我要用电子邮件给你发一张小丑的图片。”我继续说，“你觉得行吗？有没有问题？”

“没有问题。”她说，“发吧。”

我们的治疗是通过电脑视频进行的，所以我立刻给她发过去一张卡通的小丑图片。看过之后我问她：“看见小丑后有什么感觉？”

“有点紧张。”她回答。所以我们继续针对这一紧张情绪敲击，直到她平息下来。

接下来，我开始给她看真实的小丑照片。到这一步，情况开始变得有意思了。当她见到小丑的真人照片时，她说：“我讨厌那个红鼻子，真让我受不了。”这是她恐惧的一个方面。对于恐惧，你要特别小心地把所有不同方面都找出来，然后全部清除，以便完全解脱。某一个方面通常是具体的，如果林赛特别害怕红鼻子，用“尽管我害怕小丑……”这样的问题描述语可能无法将恐惧感清除，所以我们的问题描述语必须更具体一些，比如，尽管那个红鼻子实在让我受不了……

我们继续对越来越多的小丑图片展开敲击治疗。最后，我把电影《小丑回魂》中的小丑图片发给了她。而她仅仅瞟了一眼就感到非常焦虑，于是我们继续敲击。焦虑强度降下来之后，她开始仔细看图片，我们的敲击也继续进行。几轮过后，她终于能看着小丑的图片说：“我不喜欢这个小丑，他的样子很恐怖，但是我能看着他了，而且没有不舒服。”看着这个恐怖的小丑，我也是同样的感觉！她不再恐惧小丑了，此时的她只是不喜欢看恐怖的小丑，大多数人也不喜欢！我们的治疗成功了。

在恐惧消除，治疗即将结束时，林赛有些难过。她说："恐惧消失以后，我都不知道我是谁了。"我知道这听起来很好笑，但这是我们一个共有的模式，就是对于消失会感到恐惧。害怕小丑是林赛的一部分，在一定程度上林赛就是这样定义自己的。她从小害怕小丑，她所有的朋友都知道她害怕小丑，而且她也在生活中采取了各种各样的措施避免见到小丑。这种恐惧是林赛生活的一部分，也是她本身。如果没有了它，她会是谁呢？

我们继续敲击，问题描述语是：尽管不怕小丑后，我都不知道我是谁了……尽管我一直害怕小丑，现在不怕了反倒不习惯，但我还是全然接纳地自己……这些描述语开始让她的头脑和身体向新的可能性敞开，这样她就能抛开阻碍她的恐惧，并开始塑造一个全新的自我。

林赛还可以继续对这个新自我进行正面描述的敲击治疗。比如，我已经不害怕小丑了；我现在觉得小丑挺好玩；我选择过勇敢、有趣、甚至身边有小丑的生活！这样做能帮她强化已经开始萌芽的新自我，而且很有能会给她带来更强的自信。如果不运用正面描述的敲击治疗强化她的改变，她或许不会再害怕小丑，但可能不会对小丑产生任何正面的感情，更进一步的敲击治疗会让她发现，原来小丑真的很有趣！

这不是勇敢不勇敢的问题

克丽丝·卡尔（Kris Carr）是一位勇敢的女性。

过去的 10 年间，她一直在和一种罕见的癌症作斗争，并且把这段经历记录在了电影《去你的癌症》（*Crazy Sexy Cancer*）里。凭借电影和荣登《纽约时报》（*The New York Times*）畅销书排行榜的几部作品，她已经成了好几百万人的希望之光。换句话说，她本人就是战胜困难，过自由、快乐、充实生活的代名词。

所以，当我们在她位于纽约州（New York）伍德斯托克镇（Woodstock）的家附近一起爬山时，她提到的一件事让我大为惊讶。她说山顶上有一座铁塔，爬上去就能极目四望。我说："太棒了！我们一起上去！"可她回答："哦，不，我就不上去了！我恐高。"

话一说完，她立刻明白，她的那句话说错了对象。如果有什么问题可以进行敲击治疗，我是一定不会放过的！而且，还有比恐高更适合运用情绪释放疗法的吗？

我向她保证，治疗过程没有痛苦，而且不需要做任何她不想做的事情，于是我们当场开始了敲击治疗。我们从她对治疗本身的害怕入手，就像聊起小丑会让林赛紧张一样，谈到高度，克丽丝也会提心吊胆。她的身体和头脑开始设想接下来可能发生的各种各样的危险情形，然后产生恐惧，然而，这些都是假想的、尚未发生的事情。

接下来，我们一边爬山，一边针对她的焦虑情绪进行敲击治疗。我们爬到山顶时，她已经平静下来了。我看了看铁塔，觉得这塔确实很棒，因为它在不同的高度上分布着好几组阶梯。这样一来，克丽丝就能不急不忙地向上攀登，同时进行敲击治疗。

我们从铁塔底部开始，交叉使用通用的问题描述语（尽管我恐高……）和对她身体状况、心理状况进行具体描述的问题描述语：

尽管我觉得很紧张……

尽管我觉得呼吸急促……

尽管我很紧张……

尽管我的身体在颤抖……

尽管我怕掉下去……

我们对她的身体和心理出现的各种状况进行了系统的敲击治疗，然后慢慢地，我们开始攀登。我们只有在她感觉舒适和安全时才向上爬。一路上，我们就这样一边敲击一边爬。当时，她那体贴的丈夫布莱恩（Brian）也跟我们在一起。我们向上爬时，他在下面用力晃动铁塔，好确认克丽丝是否真的战胜了恐高症（不推荐用这样的方式来克服恐高症，顺便说一句，布莱恩的做法当然招致了克丽丝的抗议）。

当我们到达铁塔顶端后，克丽丝因为战胜了持续多年的恐高症而获得了巨大奖赏。举目四望，壮丽的秋色一眼看不到边。

当你最终释放那些持续多年的恐惧和束缚性信念时，就能见到人生最美丽的风景。你的大脑是不是经常跟你开玩笑？它会不合时宜地制造出一些紧张、焦虑、崩溃的感觉来？让你在尚未发生或者基本不会发生的事情上产生压力？如果是这样，你就用情绪释放疗法来消除这些对未来的负面想象吧。

像剥洋葱般步步深入

梅根（Meggan）是一位活跃的作家、演讲者，她帮助世界各地几千位女性提升了自我。

她将在一个重要的会议上发言，所以她来我这里寻求一些帮助。梅根从前经常登台演讲，听众的反响特别好，但那时的她总是在讲桌后面念稿子，对此她一直感觉不太好。这次，会议的主办方并未摆放讲桌，而她也计划脱稿演讲，只是这一安排让她深感焦虑。梅根听说情绪释放疗法治疗演讲焦虑非常有效，于是向我求助。

治疗开始后，我让梅根想象站在台上的情景，前面没有讲桌，手里也没有讲稿，然后让她把身体感觉告诉我。我发现治疗恐惧时，让来访者把注意力放在自己的身体感觉上能让他更快地进入治疗状态，因为这样做能促使他关注自己的感受，明白自己的情绪状态。

梅根告诉我，在想象演讲画面时，她觉得胸部发闷，嗓子发紧。在演讲焦虑中，这种感觉很常见。

我让梅根为这种感觉的强度打一个分，她打了 7 分，于是我们开始了最简单的敲击治疗：

尽管我胸部发闷，嗓子发紧，但我还是全然地接纳我自己；

尽管我的喉咙里像有什么东西堵住了，但我还是全然地接纳我自己；

尽管我胸部发闷，嗓子发紧，但此刻我还是选择放松。

敲击治疗持续进行，直到她胸部和嗓子的症状消失为止，然后我让她继续想象演讲的画面，并问她感觉到了什么、看到了什么。她说她感觉好多了，演讲进行得很顺利，但开场的时候挺困难的。我们清除了卡在她胸部和喉咙的情绪能量，果然另一种恐惧凸显了出来，所以我们针对开场时的困难进行了敲击治疗，直到她有信心继续下去为止。

我继续让她想象演讲的画面，同时寻找任何感到不舒服的地方。我甚至故意夸大现场的压力，以便确认所有的负面情绪都已经清除干净了。例如，我让她想象刚上台时观众们板着脸，看是否能引发她的焦虑。通常，演讲者登台了，观众都是很热情的，他们肯定会表示欢迎，但我想多给她一点压力，以确保她的演讲焦虑得到了完全的治疗。

随着敲击治疗的继续进行，我们对问题的挖掘也越来越深入，直到最后梅根找不到与演讲有关的焦虑、压力和担心。她说："对于演讲，我现在感觉很兴奋，我开始考虑我要演讲什么话题了，而之前我根本没想到这一步，因为整个过程把我吓住了！"

有一句话我已经说过很多遍，但还要再重复一遍，因为它太关键了：在治疗当中，你要抓住时机寻找问题，像剥洋葱一样步步深入，同时关注自己的感受！

梅根为她的疗效感到高兴，我们随即准备结束治疗。正在这时，梅根突然说她很想用情绪释放疗法治疗她的飞行恐惧，毕竟她得坐飞机去参加会议！由于演讲焦虑的治疗只花了 30 分钟，所以我同意继续帮她治疗飞行恐惧。

5 年前她和妹妹一起乘坐飞机，没想到这成了她此生最恐怖的一次经历。一开始，她就觉得气流很不正常，飞机不时会猛地向下跌去。当时的她确信自己活不成了，飞行员也没有安慰乘客。在她身边，哭泣声、尖叫声不绝于耳，于是她觉得情况更严重了。不过最后她们平安降落了，但这次经历对梅根造成的心理创伤永远地驻留在她心头。为此她做过治疗，情况也得到了一定的改观，但她觉得那次创伤没有完全抹平，仍然在影响着她生活的方方面面。

那次经历让梅根认定，她必须时时保持警觉，因为世界是不安全的，她的身体也是不安全的。所以我在此帮她治疗的并非仅仅是对那次经历的恐惧，而是一种关于生活、安全感、自我认知和戒备状态的深沉恐惧。

我运用“放电影法”为梅根进行治疗。我让她讲述那天发生的事情，同时按顺序敲击穴位。通过梅根的身体语言和语音语调，我发现，仅仅是讲述那件事就给她带来不小的焦虑，所以我很小心地向前推进。我提醒她，如果觉得情绪太激烈或感觉不安全，我们可以暂停一小会儿。

梅根从头到尾回忆了那天的飞行经历。在这当中，我主要帮她感受安全。必要时我会用问题引导她更深刻地感受那次的经历，也会在她反应比较强烈时让她抽出身来。一开始，她的情绪非常强烈，后来随着敲击的进行，她逐渐平静了下来。之后，我又让她再次描述整个过程，然后再来一次……直到整个过程中，她不再有强烈的情绪出现为止。

最后，再次回忆起那次恐怖的飞行时，她高兴地哭了出来，因为她已经感受不到 30 分钟前还存在的那种恐惧和痛苦了。

第二天，我收到了来自梅根的电子邮件。下面就让这封邮件来详细说明她体验到的治疗效果吧：

治疗结束后，我像一个十几岁的孩子那样睡了很久。要不是因为宝宝的原因，我还会一直睡下去。这不是疲惫，而像是补偿原来欠下的睡眠。那个15年前因为受到惊吓而变得警惕过度的我一直没有休息，她一直在为了我的安全而守望，现在她终于可以休息了。对生活失去信任会让你消耗巨大的精力（笑）。我隐隐地感觉，当欠下的睡眠得到充分补偿后，我的精力就会变得无比充沛。

治疗的效果让我着迷，同时也让我有些困惑。我不断地尝试，想把原来对乘坐飞机和脱稿演讲的恐惧重新唤起，却怎么也做不到，它们真的不见了。我记起了没有恐惧时自己的样子。我不知道情绪释放疗法是如何做到这一点的，而且我也不需要知道，因为它已经做到了。

情绪释放疗法直达伤痛，将它抹去，“唰”地一下，它就把被那次飞行经历挡住的平静感和安全感还给了我，就像魔术师把白桌布从餐具下面抽走一样。情绪释放疗法告诉我，我对世界和生活的信任其实一直都在那里，它是我存在的根本，而恐惧只是暂时地阻挡了我的视线。我完全相信情绪释放疗法了，就像当头棒喝、醍醐灌顶，我真的信了。千言万语都无法表达我的感激之情。

你有哪些恐惧？它们对你的生活造成了哪些影响？因为这些恐惧的存在，你对你自己和周遭的世界形成了怎样的看法和信念？

指点迷津

害怕坐飞机？

如果你或你身边的人害怕坐飞机，你就可以用下面的方法来治疗：

1. 事前练习。去机场前先进行敲击治疗，尽力在头脑中想象飞行时的情景：你去飞机场、安检、候机、登机、落座、听到引擎发动、感到飞机开始移动、起飞、维持飞行状态、降低高度、最后降落。

在上面的想象当中，是哪几个环节让你产生恐惧？是引擎刚发动的时候吗？是飞行中间遇到湍流吗？如果是，就针对这一过程敲击治疗。

如果你没有实际去乘坐飞机，你所能做的最有效的事情就是尽力唤醒关于飞行的记忆，这一方法适用于所有恐惧治疗。当然，真正的检验是在你面对真实情景时！不过你会发现，仅仅回忆过去的飞行经历就能让你获得惊喜的结果。

2. 飞行中的敲击治疗。当我看到有人在飞机上进行敲击治疗时（比你想象的要多见！），我总是很高兴。这是缓解焦虑、恐惧和压力非常有效的做法，我也在非常严重的湍流中进行过敲击治疗。不要担心被别的乘客看到，他们很少注意。大多数时间，他们只关心自己的事情。如果他们真的注意到你了，不妨把这个强大的工具介绍给他们。

指尖敲出丰盛

战胜恐惧本身就是了不起的成功

战胜某种恐惧本身就是了不起的成功，不过战胜恐惧还会给我们的情感关系、财务状况甚至个人健康方面带来更大的成功。原因在于，这些恐惧会暗示我们，让我们觉得自己不能完全掌控自己的生活。如果林赛无法控制自己对小丑的反应，那么她能控制她生活的其他方面和她的情绪反应吗？如果克丽丝因为恐惧的限制而无法登上山顶的铁塔，那么同样受限制的还有什么事情呢？如果梅根担心紧张和焦虑随时会控制自己，那么她能获得真正的安全感吗？

当我们确信自己有能力有办法来管理恐惧（无论是理性的还是非理性的恐惧）时，我们就能在生活的各个方面作出更大的成绩。

所以现在就找出一种恐惧，然后用情绪释放疗法克服它，不一定非要是强大的或者持续多年的恐惧。如果你实在找不到（我知道你能找到，但是如果你实在找不到的话……），就帮助他人克服恐惧吧。这里列出了一些常见的引发恐惧的事物，看看是否与你相关：

动物；

桥梁/隧道；

虫子/蜘蛛；

死亡；

牙医（或其他与医院有关的事物）；

电梯；

幽闭的空间；

乘坐飞机；

高空；

身体疼痛；

演讲；

开车；

电话销售 / 给陌生人打电话；

社交；

水。

第 12 章

还有什么是你忧虑的？

CLEARING OTHER LIFE CHALLENGES

失眠？焦虑？吸烟？孩子？你还想改变什么？找出来，敲下去，奇迹会一个一个在你眼前出现！

生活中，谅解可以产生奇迹，谅解可以挽回感情上的损失，谅解犹如一支火把，能照亮由焦躁、怨恨和复仇心理铺就的道路。

科威特女作家　穆尼尔·纳素夫（Munil Nasuv）

还有什么是你忧虑的？

我们在书中已经见到，情绪释放疗法是战胜我们生活中常见问题的重要治疗工具，比如身体病痛、减肥、财务和情感问题，但它也可以运用在大量更细微的事物上，本章将重点讲述，这样你就能更深入了解如何把它运用在你和你所爱的人身上。

值得注意的是，书中没有提及的事物，并不代表情绪释放疗法对它没有疗效。

限于篇幅，我们无法把所有的事物都写上来。不论你所关心的具体事物是什么，情绪释放疗法都能帮上你的忙。

睡一个深沉而安稳的好觉

第 6 章中我们已经提到过，许多人反映，情绪释放疗法的作用之一在于让他们睡眠质量更高了。当然，这一点很容易理解，因为当我们从日常压力中解脱出来后，睡眠自然就会好起来。

我一次又一次地见到，针对压力和其他问题进行敲击治疗后，来访者常常会报告，经过治疗以后他们获得了从未体验过的深度睡眠，而这些治疗都不是直接针对睡眠问题进行的。当你运用情绪释放疗法将压力和生活中的其他问题解决时，相信你的睡眠也会同时得到明显改善。

大多数人都会时不时失眠，所以当你发现自己烦躁不安、无法入睡时，不妨进行几轮敲击治疗。你可以简单地说“尽管我睡不着觉……”然后一边说提示语，一边按顺序敲击穴位，另外，如果你正在为某件事大伤脑筋，就直接针对它给你带来的压力敲击，这样你就能睡个好觉了。例如：

> 尽管我总在想今天公司里发生的那件事……
>
> 尽管我压力太大了，睡不着……
>
> 尽管我总是忍不住去想那件烦心事……
>
> 尽管我翻来覆去睡不着……

如果你患有轻微或严重的失眠，也许得多做一些努力来打破现有的模式。

我们先从生活中的压力事件开始，找出那些让你焦虑并导致你无法入睡的事情。

如果你已经针对这些事情进行了敲击治疗，但睡眠问题还是没有解决，那么很可能真的就是睡眠本身的问题。你很可能已经在“睡不着觉”这件事上积压了大量的焦虑、压力和失落情绪。如果失眠已经持续了很多年，你很可能背上了沉重的思想包袱，一旦你想睡觉，它们就会来打扰你。在这种情况下，你所要治疗的就是睡眠模式本身。

现在，你只需把这些模式找出来，然后一个接一个地进行敲击治疗即可。

你可能得持续几个晚上或者几个星期，虽然有点麻烦，但绝对值得。充分的深度睡眠不仅对身体健康极为关键，而且本身就是精彩生活的一部分。

以下是一些可能让你失眠的事项，我把它们按照敲击树的形式列了出来，找出符合你的事项，然后针对它们进行敲击治疗。

指点迷津

失眠敲击树

树叶：症状和表现

睡眠不足；

容易醒；

打鼾；

睡醒以后仍感觉没有休息好；

做噩梦。

树枝：情绪

睡不着觉本身所引发的压力：我要是得不到足够的睡眠该怎么办?

担心第二天要发生的事情：要做一个重要的报告、开一个重要的会、各种繁杂的事务或者仅仅是上班。

焦虑，觉得自己快要崩溃了，灰心丧气，害怕，担心，忧愁烦闷等。

树干：事件

你的生活里发生过哪些与睡眠有关的事情呢?比如，半夜失火把你惊醒，7 岁时摔下床。这样的事件可能不会很多(与别的问题相比)，如果有，就把它们列在这里。

树根：束缚性信念

我睡不着，我从来都睡不好觉；

我总做噩梦；

我每小时都要醒来一次；

我总是提不起精神；

我是失眠症患者。

根据你的敲击树，一项一项地进行敲击治疗，以便享有深度、充分的睡眠。

缓解成瘾症状

有关成瘾的问题非常复杂。它们很少能在短期内戒除，不是我们敲几个针灸穴位，持续一辈子的嗜酒问题就能立即好转的。但对于成瘾的医治过程中所遇到的两个主要障碍，情绪释放疗法具有很好的效果：第一个障碍是身体对成瘾物质的极度渴求，第二个障碍是引发成瘾问题的潜在心理因素。

缓解身体对成瘾物质的渴求

与治疗身体对食物的渴求一样，我们也可以用同样的方法处理身体对烟草、酒精和药物的渴求，而且效果出奇的好。

几年前，我主持了一个小范围的《轻疗愈》放映会，反响很好，放映结束后，观众都很兴奋，想立即在自己身上试验情绪释放疗法。影片播放了差不多一个半小时，后面的半个小时是讨论时间。这时，前排的一位先生举起了手："对不起，我在这里坐了这么久，很想抽支烟，我们能对这个进行敲击治疗吗？"

接下来，我们开始了敲击治疗，我们的问题描述语是："尽管我很想抽支烟……"很快，这位先生对香烟的渴求程度就从 8 分降到了 0 分，整个过程不超过 5 分钟。他惊讶地发现，他居然不想吸烟了，而且他一直坐到讨论结束。他告诉我他很兴奋，因为刚才的感觉非常好，而且他刚才难以抵挡对香烟的渴求，如果没有情绪释放疗法，他得到外面去吸烟，就无法参加讨论了。

无论身体渴求的是什么，在解决这个问题时，重要的是，你得实际地去敲击，这样才能收到成效。不过，要想获得持久的疗效，你还要清除潜在的心理问题，也就是渴求的“根源”，这一点非常重要。

清理引发成瘾的心理问题

那次在康涅狄格州（Connecticut）举办的为期 4 天的敲击治疗工作坊中，来自佛罗里达州、已经退休的丹尼斯（Dennis）是我们几百位申请者之一。他在申请表中写道他想戒烟，但试过各种办法都没有效果，现在只要能戒烟，让他做什么都行。他能来参加我们的敲击治疗工作坊，我非常高兴。我知道，如果我们对他进行两天的敲击治疗，他就能轻松控制对香烟的渴求，这意味着他可能好几天都不会吸烟了，如果我们还能治疗他潜在的心理问题，到工作坊结束时，相信他就能最终戒除烟瘾。

第一天，一切都跟我想象的一模一样，他没有吸烟，也不再渴望吸烟。第二天，事情发生了有趣的变化，治疗期间，丹尼斯对辅导他治疗的史蒂夫·芒恩说，他刚才有一种被周围人抛弃了 20 年的感觉，而且大多数人都不吸，所以他常常感到内疚和羞愧。史蒂夫与他一起进行敲击，将这种抛弃感、内疚感和羞愧感统统释放掉，因为负面情绪并不能帮我们戒烟，实际上，它只会让我们不断自责并停滞不前。

这些负面情绪清除后，丹尼斯发出了一句让我们很惊奇的感慨：“我因为吸烟内疚和羞愧了一辈子，我现在要继续吸，并且享受它！”

当我听到他这么说时，你能想象我的感情有多么复杂！我在这里拍摄纪录片，为的是展示情绪释放疗法的威力，而这个“戒烟”的案例却可能成为反例。现在他要说，是情绪释放疗法帮他继续吸烟，事情真的就是这样了吗？我能把它编进片子里去吗？

我真的把它编进去了，因为我觉得，正反两方面案例的平衡和真实地呈现事实都是非常重要的。而且当时我觉得（现在我也这么看），这里蕴含了两个重要的启发。

第一个启发是：看似倒退，实则向前迈出了一大步。看起来，丹尼斯似乎是倒退了，他刚来时想戒烟，离开时却想吸烟，但我认为这并不是倒退，恰恰相反，在消除了对自己的抵触、愧疚和怨恨情绪后，丹尼斯向着最终戒烟的目标迈出了一大步。

确实，他可能会因为愧疚而戒烟，或者因为怨恨自己而暂时停止吸烟，但如果不对他的负面情绪加以治疗的话，他的烟瘾早晚会死灰复燃，而且就算他的烟瘾不再回来，这些情绪也会从其他地方以其他的形式冒出来，比如食物成瘾或其他一些强迫性行为。这就是停止吸烟的人常常体重增加的原因，他们不过是把吸烟的习惯换成了吃的习惯而已，而这些行为带来的舒适感和情绪放松是一样的。

我们所做的不是让来访者“停止”吸烟、饮酒或用药。如果仅仅针对症状和习惯进行治疗，我们确实能够暂时压制身体对这些物质的渴求，但很难获得持久的疗效，我们所做的是要清除引发这些症状的潜在心理模式。只有做到了这一点，我们才能实现深入、持久的健康转变。

事实上，药物、酒精、烟草和其他成瘾的物质都有各自的益处，如缓解疼痛、转移对困难事件的注意力、让精神和身体放松。只有当我们把成瘾背后的痛苦和情绪波动的根源找到并治疗后，这种成瘾的习惯才会好转。

第二个启发是：只有自己想改变，才能改变。在拍摄《轻疗愈》过程中，我们一共邀请了 10 位来访者参加工作坊。在这 10 位当中，7 位获得了十分惊人的疗效，另外 3 位，我认为是获得了常规疗效，不过他们也确实取得了某些突破，比如对某些问题恍然大悟。我确信，这对他们来说是非常正面的经历，但如果从外部标准来评判，比如戒掉烟瘾，那么对于这 3 位来访者来说，他们就没有百分百地获得想要的结果。

后来，我们回顾了这 4 天的治疗，分析了哪些措施有效，哪些没有效，也讨论了该如何将这些治疗呈现在纪录片中。结果，我们发现了一个让人震惊、然而又完全能够理解的事实。

报名参加工作坊的申请者有几百位，而我们的遴选标准之一就是申请表填写的完整程度，以及他对疗效的期望程度。尽管情绪释放疗法能够治疗对改变的抗拒，但我们还是希望来访者能够一开始就具备一定改变的热情，以便将治疗过程向前推进。

对整个治疗过程研究后我们发现，没有取得理想结果的那 3 位来访者的申请表都是别人代填的！拿丹尼斯来说，他妻子非常希望他能戒烟，所以帮他填写了申请表，而丹尼斯本人也来了，所以他也有一些改变的愿望，但总的来说，这件事的主要驱动力并非来自于他。

想要改变的必须是你自己！如果你不想改变，回头看看第 4 章的内容，找到你心里可能潜藏着的抗拒改变的原因。如果你不断拖延，不去做那些想改变就必须做的事情，或总是给自己制造障碍，也许你的各种想法还没有取得一致，我想第 4 章的内容会帮你改变这一点。

同样的，如果你想让你所爱的人改变什么，你就要知道，这必须由他们自己决定，你可以帮他们打开改变的大门，但你不能把他们推进去。所以，你的注意力应放在开门上，或许你可以把这本书分享给他们，把纪录片《轻疗愈》推荐给他们看，把你所能想到的任何其他资源与他们分享，接着，对他们表示关爱、支持和理解。这是你所能给予他们的最大礼物。

加速成瘾康复

大卫·奥罗克（David Rourke）是一位情绪释放疗法的践行者，他参加麻醉药品滥用者互助协会（Narcotics Anonymous）已经有 25 个年头了。大卫将自己的时间全部投入到帮助成瘾者康复上，他一次又一次地介绍成瘾者进行敲击治疗，发现这一疗法对促进成瘾者康复有非常大的作用。

对于严重的成瘾来说，要达到真正的康复可能需要很多年。这一过程非常复杂，通常可以分为几个阶段。首先是沉思阶段，先要让成瘾者认识到，他们患了某种病，并且需要药物来治疗。然后是准备阶段，接着是慎重阶段。

大卫多次见到情绪释放疗法是如何帮助成瘾者从一个阶段进入到下一个阶段。对于成瘾康复来说，治疗效果的保持特别重要，因为经过 28 天的康复治疗后，大约 90% 的成瘾者会在 24 小时内退回到原来的状态。大卫解释说，真正的康复在于解决成瘾背后的潜在情绪问题。治疗杰茜卡的感冒和约迪的纤维肌痛时，仅仅针对症状进行敲击治疗就足够了，而对于成瘾来说，单单治疗症状（也就是饮酒或服药的习惯）是不够的。例如，对于孩子去世后开始迷恋海洛因的成瘾者来说，我们不仅要针对他食用海洛因的行为进行治疗，还要针对他失去孩子的悲痛进行治疗。

只要抓住核心问题，并将可能导致药物滥用的情绪能量释放掉，成瘾者一般都会更有能力，也更容易保持治疗效果。

在准备阶段，成瘾者会积极地计划戒除对物质的依赖，这时，另一个同等重要的因素开始发挥作用。成瘾者需要一种策略，正如大卫所说：“如果你想把某些东西移走，最好的办法就是找一些东西来替换它。”在这里，敲击治疗就可以充当这样的替代物。所以康复中的嗜酒者和朋友一起吃晚饭时，就可以用敲击治疗代替喝酒的行为，他不需要当众进行，可以私下里在厕所或厨房解决，想喝时只要短暂离开去进行敲击治疗就可以了。

情绪释放疗法的镇静功能也能帮助成瘾者免遭饮酒或服药念头的困扰。他们可以针对自己的感受进行敲击治疗，唤起内心深处的力量，从而不再退回到原来的状态。“对于所有的问题，我们自己都有答案。”大卫说，“情绪释放疗法能帮助我们找到那些答案。”

提高竞技表现：专业运动员的秘密武器

参加高水平竞技的专业运动员也使用情绪释放疗法。他们不仅借助这一疗法来提高竞技水平，还用它来改善自己的生活。比如有一支职业棒球大联盟球队（Major League Baseball），过去 10 年里曾经赢过总冠军赛；职业高尔夫球员协会（PGA Golfers）的高尔夫球手们用情绪释放疗法来降低杆数、镇静大脑、稳定手感；美国国家橄榄球大联盟（National Football League）的运动员们通过情绪释放疗法更为快速地治愈受伤的队员，以便更快返回球场。

运动员们通过情绪释放疗法获得了很好的成绩，但为什么他们没有提及此事？原因显而易见。职业的竞技运动竞争非常激烈，即使微小的优势也能导致结果大为不同。情绪释放疗法所能给予运动员或运动队的优势可能价值几百万美元，如果你具备这种优势，你也不会与竞争对手同享！此外，情绪释放疗法在不知道它为何物的人眼里会显得很奇怪，而且敲击治疗常常会涉及情感问题，所以那些大男子主义的运动员不愿意承认。当纽约洋基队（New York Yankees）的球星亚历克斯·罗德里格斯（Alex Rodriguez）约见治疗师时，媒体和公众都过来围观并调侃他，如果有哪位球星说自己正在使用情绪释放疗法，你能想象媒体会说些什么吗？

尽管我理解运动员们为什么不愿意承认他们在运用情绪释放疗法，但这一点还是让我很失望。公众对运动员们很尊重，也很崇敬，如果他们看到运动员们在运用这种神奇的情绪释放疗法，他们也会尝试的。名人和运动员真的可以做出表率，让这一疗法成为主流，这样就可以改变数以百万计人的生命，以致改变世界的面貌。

让重度焦虑的运动员重返赛场

棒球比赛就是这样，每一个错误、每一次失策都会被记录、追踪、分析。假如哪天球员不在状态，犯了几个错误，就会被永远写进历史。

所以大联盟棒球队的球手得认真管理他们的焦虑，这毫不稀奇。斯泰茜·沃恩布罗克（Stacey Vornbrock）就是为专业运动员进行敲击治疗、以此提高他们竞技水平的情绪释放专家。

斯泰茜曾经治疗过的一位职业棒球运动员非常焦虑，以致每次比赛前，他都要按顺序做一系列特定的“赛前仪式”，以便让情绪平稳下来，然而他的症状越来越严重，他总是最后一个进入球场，更糟糕的是，赛前仪式也不管用了，他的发挥受到了很大影响。

于是他去找斯泰茜求助。接下来，他们一起针对引发比赛焦虑的核心问题进行了敲击治疗。结果，他很快就放松下来，而且这些年来一直伴随他的“赛前仪式”也可以告一段落，他也不再是最后一个走进球场的球员了。

这已经是很大的进步了，但他还需要更多的敲击治疗，以便让他的状态回升到原来的水平。治疗比赛焦虑后，下一步他们就要处理过去的运动损伤了，这是限制职业运动员发挥水平的另一个常见障碍。

有一次受伤经历对他影响特别大，这次受伤不仅限制了他的动作幅度，降低了他的敏捷度，还损害了他的自信心。斯泰茜带着他进行了很多轮敲击治疗，还用她的创伤康复法释放了斯泰茜从受伤那天起就在肌肉中积存的情绪能量。

治疗的效果很好！他的身体恢复到了受伤前的状态，他又能做凶狠的击打和俯冲动作了。很快他就打出了很好的成绩，这又增加了他的自信，并点燃了他发挥出最佳竞技水平的欲望。

康复身体，唤醒运动潜能

斯泰茜已经一次又一次地见到，过去的旧伤是如何严重影响期望打出最好成绩的运动员的状态。一位多年前遭受过严重身体袭击的职业高尔夫球手来找斯泰茜，希望她能帮助自己提高竞技水平。斯泰茜很快发现，这位高尔夫球手所受的身体伤害已经深深积存在他的身体里面。他是个天生的运动健将，可自从那次遇袭之后，他就无法相信他的身体能做出自己想要的动作了。

他们开始借助敲击治疗处理先前的那次事件，同时试图重新唤醒他体内的运动潜能。不久后，他成功地释放了在体内积存已久的负面情绪，同时对自己的身体重新建立了信任。结果，他不仅提高了运动成绩，而且情绪得到释放的他又有更多精力去追求事业和生活中的新目标。

普通人也经常会遇到与体育运动有关的问题。无论是对于网球比赛的焦虑，还是某次膝伤所带来的持久不适，你都可以运用敲击疗法治愈，它对非专业的体育爱好者一样有效。尽管它不一定能代替认真的体育训练，但它能对你的身心产生惊人的正面效果。它能帮助你愈合身体创伤，同时将你从妨碍你发挥最佳水平的情绪当中解脱出来。

与传统疗法不同的是，情绪释放疗法还能帮助各种水平的运动员重新建立起他们对身体的感觉。斯泰茜解释道："接受训练师指导，同时频繁参加训练课的运动员会进入一种信息超载的状态。他们越多运用左脑，成绩就越差，因为同一时间考虑的问题太多了。"

情绪释放疗法能给你的思维"降噪"，从而帮你运用潜意识来提高竞技表现。与其费力地考虑各种动作，不如让大脑吸收信息，给身体足够的时间做出动作，此外，运用情绪释放疗法释放压力后，身体会更敏捷地作出反应。

想象你命令身体的各块肌肉做出投球或者挥杆的动作，显然，想用意识做到这一点是不可能的，但潜意识提供指令，身体就能随即作出反应。对顶尖的运动员来说，能够结合“身心灵”概念的治疗工具往往能够帮助他们凭借感觉来提升竞技表现。

情绪释放疗法的作用远不止于此

对各个年龄段的儿童和青少年来说，情绪释放疗法都已经被证明极为有效。年龄不同，治疗手段有所差异。

作为成年人，我们需要进入孩子们的世界，然而在潜意识当中，我们总是希望把孩子带到我们的世界中来。但当我们越多使用他们的语言，努力进入他们的世界时，治疗的效果就会越好。所以如果你针对孩子考试不及格进行敲击治疗，你就要记住，他最关心的可能不是这次考试对上大学有什么影响，而是朋友或者老师会怎么想，因为对他们来说，看上去“犯傻”或成为“差生”才是最要命的事情。你应该将孩子表达的任何情绪作为敲击治疗的对象，而非你的想法。

情绪释放疗法的一大好处在于你不需要太严肃。你可以用幽默和玩耍的方式来清除恐惧、焦虑和其他各种情绪。这一点对成年人适用，对儿童和青少年来说则更为重要。例如，你可以在孩子敲击每一个身体部位的时候扮鬼脸，或者发出好玩的声音，只要能吸引孩子关注，并且让他感到安全就行。

为孩子治疗时，可能需要改变一些步骤，这没有关系。尤其对于很小的孩子来说，有时你可能得换种方式治疗，比如跳过一开始的问题描述语，只要根据情况进行，同时注意观察怎样做起作用就行了。

对于无法为自己治疗的幼儿来说，你也可以帮他们轻轻地敲击穴位。

十几岁、几岁甚至更小的孩子会过分地关注一些事件。在他们眼里，任何事情要么极为完美，要么极为失败。你要允许他们用自己的方式表达情绪，同时针对那些极端信念进行敲击治疗。你要避免与他们讲道理，因为这可能会让他们觉得你误会他们，从而不愿意尝试情绪释放疗法。

化解孩子的恐惧

9 岁的萨姆（Sam）最喜欢打垒球，而且最爱当投球手，可一夜之间他突然害怕做投球手了，他准备放弃成为明星投球手的梦想了。

萨姆没有任何征兆地极度恐惧投球，他担心会被球棒打到，担心弄断腿，甚至担心死掉。他的焦虑如此强烈，以至于无法再走进投球区。

于是萨姆的妈妈带他去拜访热心肠的情绪释放疗法践行者布拉德·耶茨（Brad Yates）。开始时他们聊了萨姆对投球的感觉，然后布拉德开始用最简单、最易懂的语言讲解情绪释放疗法："看，我们要做这个练习了。有一些东西在你的身体里游动，让你感觉不舒服。我们现在要敲击一些地方，让你的身体安静下来。这样做能帮你把不舒服的感觉释放掉，把害怕赶走。"

一开始小男孩有些害羞，不过他同意跟着布拉德一起做。治疗大约一个小时后，布拉德让萨姆闭上眼睛，想象自己投球的样子，并且把自己的感觉说出来。"我很高兴。"萨姆笑着说。在不久之后的一场比赛中，萨姆发挥得很好，他也非常享受比赛的每一分钟。

平复社交焦虑

埃米莉在上中学的第一年患上了严重的社交焦虑症，她不愿意去学校，夜里也睡不好觉。

有一天晚上，埃米莉的父母给她读了布拉德·耶茨写的有关情绪释放疗法的童话书《女巫的愿望》(*The Wizard's Wish*)，结果埃米莉很快就睡着了。她的这一转变让她的父母很诧异，于是他们带着她去拜访布拉德，希望布拉德用情绪释放疗法帮她减轻心理压力。

一开始，埃米莉不愿意进行敲击治疗，但最后还是在布拉德的引导下敲击了几轮。见到焦虑好转后，布拉德决定对治疗效果进行现场检测：带她去学校。

到学校附近后，埃米莉坚决不下车，于是他们又敲击了几轮。之后，布拉德问埃米莉感觉怎么样，她说："我现在没问题了。"经过这次治疗后，埃米莉能重新回到学校。现在，她的老师特别为她开了绿灯：当她的心理压力增大时，她可以离开课堂去进行敲击治疗。

布拉德告诉我这件事时，我不由得笑了出来，因为我小时候也干过同样的事情。我清楚地记得，我的家人也时常谈论。当时我上小学二年级，我们家刚从故乡阿根廷搬到美国，我不愿意去上学。一天，内利耶（Nellie）奶奶开车送我去学校，她下车关上门后，我立刻把车门锁上，躲在里面不出来。那个时候的汽车，只要从里面锁上，外面就打不开。所以当内利耶奶奶要进来时，我就是不给她开门。

最后我的心情平复下来，从车里出来走进了学校，但我一点也不开心！当时如果有情绪释放疗法，我一定能把我的焦虑、恐惧和由于生活发生巨大改变造成的压力全部清除。

给大孩子一个情绪出口

玛吉（Maggie）是我的一位来访者，她曾告诉我她在16岁的女儿身上运用了情绪释放疗法，我听后兴奋至极。玛吉的女儿经常因为学校的事情找她帮忙。女儿也了解情绪释放疗法，而且她们以前一起做过，效果很好。尽管玛吉和女儿非常亲密，但跟大多数青春期的孩子一样，女儿并不会把自己面临的所有困难和盘托出，因为那种感觉很糟。如果我们还留有青春期的记忆，就知道为什么会这样。

玛吉非常智慧地告诉女儿，如果她有不愿意讲的事情，就可以简单地把那件事的名称说出来，就像电影名称一样，或者只把对那件事的感觉说出来，而不用说细节。这种方法也是我常用的，每当我注意到来访者似乎不愿讲述某个具体场景时，我就会这样做，这通常是因为他们对所做的事情或所扮演的角色感到不好意思。但我从来都没有想到过，这一招还能如此有效地运用在青春期孩子身上。

当玛吉和女儿针对一些问题进行敲击治疗后，女儿的感觉好多了，也自己把事情说了出来。通过放弃了解细节，玛吉给了女儿私人空间，正因为这样，她们才能一起讨论正在发生的事情，同时进行敲击治疗。

改善视力

视力只会随着年龄的增长而下降，真的是这样吗？事实并非如此，其实视力不佳或下降在一定程度上与你的情绪有关。

听来访者报告情绪释放疗法改善了他们的视力后，卡罗尔·卢克专门做了一项实验来研究这个问题。

她带着120位被试者进行了为期8周的治疗，每周治疗不同的情绪，比如这周释放愤怒，下周释放恐惧等。事实上，这样做能帮助被试者更加看清他们自己和他们的生活。实验完成后，大约 40% 的被试者报告，他们对光的感受度、对颜色的感受度、抗疲劳度、近视和远视状况等得到了显著改善。此外，被试者报告，治疗愤怒后视力改善最为显著，其次是治疗焦虑后。

你可以通过下面的地址查看研究的完整结果和关于此次研究的更多内容：www.thetappingsolution.com/eyesight。

治疗过敏症

有人把过敏症称为“免疫系统的惊恐”。鉴于情绪释放疗法能有效地治疗恐惧，所以它能对多种过敏症状起到良好的疗效，其中包括小麦、化工品、花粉等。运用情绪释放疗法治疗过敏时，最常见的做法是把过敏原（就是导致你过敏的物质）放在面前，同时针对过敏的症状进行敲击治疗。治疗时将注意力集中在免疫系统对过敏原的反应上以及与过敏原和过敏症本身有关的情绪上，不管你想到什么，都可以针对它们进行敲击治疗。

桑迪·斯特拉多姆斯基（Sandi Radomski）运用情绪释放疗法和其他创新性的疗法成功地帮助过敏症患者摆脱了病症的困扰，你可以通过下方网址了解更多信息：www.thetappingsolution.com/allergies。

提升创造力，促进发挥

我们已经见到，情绪释放疗法能减轻体育运动中的焦虑，进而促进体育技能的发挥，此外，它还能极大地促进其他能力的发挥，包括音乐、舞蹈、写作、演讲、谈判、销售……这个单子可以拉 100 米长！情绪释放疗法能消除身体当中阻碍创造力、影响发挥的负面情绪，从而让天赋更好地展现出来。一旦这些才华不再受到长期恐惧和焦虑的干扰，你就能发挥到极致，而且你不仅能更轻松、更频繁地表现出自己最佳的水平，还能更多地享受其中的乐趣。

替代他人进行敲击治疗

“替代敲击治疗”是指你代替别人在自己身上进行敲击治疗。替代敲击治疗的好处之一在于，你可以为很小的宝宝和其他不能进行敲击治疗的人治疗。目前，对于替代敲击治疗的各方反响都不错。

进行任何替代敲击治疗前，检视自己是很关键的一点：为什么如此迫切地为别人而不是为自己治疗呢？你得把与这个问题有关的事件和情绪清理一番，这很重要。与检视自己的行为相比，发现别人的问题常常容易得多。很多时候，另一个人的行为之所以在我们眼里成为问题，是因为这种行为引起了我们的不快，如恐惧、愤怒或嫉妒。

如果你想为你的小宝宝进行替代敲击治疗，想让他“听妈妈的话”，那么你很可能不会成功，因为这样做的原因是他的行为让你不满意。在这种情况下，需要治疗的是你自己的情绪。

小宝宝大多都爱闹，为什么他们正常的反应（就算是不大正常）会让你如此关注？情绪释放疗法不是用来让别人成为你希望的样子，而是用来清理情绪能量的，所以你要确保你进行替代敲击治疗的出发点是纯粹的。如果你怀疑这一点，你就可以进行下面的敲击治疗：尽管我试图改变他们，治疗他们……

我的妹妹杰茜卡录制了一段关于替代敲击治疗的引导音频，这段音频在最近几年大受欢迎。听过这个简单的音频后，很多人都分享了他们的令人难以置信的经历和体会。你可以在下面的地址免费听到这一段录音：www.thetappingsolution.com/surrogate。

指尖敲出丰盛

有趣的尝试

我们已经在这本书里讨论了很多宏大的主题，从情感关系到财务状况，从饮食到压力的缓解。现在，我们花一分钟来放松一下心情吧！情绪释放疗法能帮助我们改善各个方面，比如促使我们克服那些诡异的、不寻常的压力和障碍，否则它们就可能进入我们的生活，年复一年地盘踞在那里。

我见过一位女士，20 年来都不能吃维生素和营养粉，她一打开瓶盖就会觉得恶心。她知道这些东西对她的健康有好处，但就是不能吃。我决定先针对她的恶心进行几分钟的敲击治疗，看能否把这种感觉清除掉。首先，我把从她厨房里取出来的装着绿色营养粉的瓶子打开，她一看到就立即向后退，像往常那样努力地克制自己的恶心。她解释说，在成长的过程中，她父亲总是让她吃各种各样的维生素和矿物质，而这总让她特别恶心。即便现在长大成人了，她也没能过得了这一关。

我们开始了敲击治疗，利用她的记忆来引导整个治疗过程，问题描述语大概是这样的：尽管父亲总让我吃那些维生素……尽管我很讨厌维生素……果然，仅仅几轮敲击过后，她就能把那些绿色的营养粉喝下去了！又是一个一分钟见效的案例！

花些时间来想想你生活中那些非常琐碎的习惯、讨厌的东西和你想要克服的习惯性做法。仔细想想，它们一开始是如何形成的？是什么情绪引发了这些？有什么记忆能帮助你解释它们的形成？接下来，针对你发现的事件和情绪进行敲击治疗，然后你就会惊讶地发现，用情绪释放疗法也能清除这些不值一提的小事！

第13章 用爱唤醒生命的能量

A NEW VISION FOR HUMANITY

一次创伤就是一个不断下陷的漩涡。而情绪释放疗法就像一只锚，有了它，心灵之船就不会在漩涡里一直陷下去。

不要怀疑，一小群善思、专注的人能改变世界。确实，历史向来如此。

美国人类学家　玛格丽特·米德（Margaret Mead）

用爱唤醒生命的能量

你已经见到了情绪释放疗法对你的生活产生的巨大影响，现在，我想介绍世界各地的人们所做的一些令人惊叹的工作。

情绪释放疗法已被证明是适用于全球各种问题的强大治疗工具，在心理创伤的治疗方面尤其有效。我不会谈论情绪释放疗法对世界和平有多大的贡献，但我会说情绪释放疗法解决的往往是其他传统疗法无法解决的问题。此外，情绪释放疗法还有很大的潜力应对不景气的经济，并促进其发展，同时还能让不堪重负的医疗保障系统更有效更经济地运行。

现在，你会发现，情绪释放疗法对世界作出的潜在贡献几乎是无限的！

创伤后应激障碍：看不见的流行病

谈到创伤后应激障碍，人们往往会想到退伍老兵。然而不幸的是，这一病症影响着世界各地各种人，包括经历过自然灾害、战争、疾病、虐待、强奸等数以百万计的人。

这种创伤后遗留的病症对人的影响不分种族、年龄和性别。对经历过海啸的孩子和从伊拉克返回的士兵来说，其症状的严重程度可能是一样的。

美国国家心理健康研究所把创伤后应激障碍定义为："人在目睹或经历危险事件后引发的一种焦虑障碍。"

面对危险，你自然会感到害怕。这种害怕使身体迅速作出调整，以便防御或躲避危险。我们之前已经讨论过，这种战斗或逃跑反应是一种健康的反应，它的目的在于保护人们不受伤害。但对于患有创伤后应激障碍的人来说，这种反应机制遭到了改变或破坏。即便危险已经过去，他们还是会感到紧张和害怕。

从前面的定义中你很容易看出，创伤后应激障碍为什么会被描述为"看不见的"全球流行病。在任何时候、任何地方，人们都在努力从创伤中恢复，但他们逃脱危险很久之后仍然感到不安全。随着情绪释放疗法的日益普及，我很高兴地说，我们可能已经找到了一种方法，它能平复创伤受害者的恐惧和焦虑，缓解他们的身体病痛，结束他们的抑郁、失眠、噩梦和偏执，点燃他们对未来的希望，让他们重新过上正常的生活。

清理卢旺达的噩梦

与洛丽·莱登（Lori Leyden）谈到她在卢旺达所做的工作，不禁会让你感叹情绪释放疗法的神奇。在饱经创伤的卢旺达，如此简单的操作就能促进这些患者在身体、感受、精神和心灵等所有可感受到的层面康复，这使你不由得坠入遐想，情绪释放疗法将给全世界带去怎样深刻的变化？

2007 年，心理医生、同时也是压力管理专家的洛丽博士接到了一个电话。电话那头的人问她能否将她的第一本书《压力管理手册》（*The Stress Management Handbook*）翻译为卢安达语，而这正是卢旺达人所使用的语言，因为 1994 年的种族大屠杀在 100 天内屠杀了 80 万人，幸存者中绝大部分都成了创伤后应激障碍患者。得知这一消息后，洛丽非常渴望贡献自己的力量。

“我知道，这是一个改变生命的时刻，所以我问他我能提供什么帮助，接着就应邀到卢旺达参加创伤治疗工作，我的治疗对象是大屠杀幸存者中的孤儿和寡妇。”她回忆道。

2007 年，洛丽第一次去卢旺达，那次她为 100 名孤儿及年轻人进行了治疗。这些年轻人 20 来岁，大屠杀时，她们只有 6 ~ 10 岁，现在他们每个人照顾着另外 2 ~ 6 名孤儿。她们缺少支持，对未来也失去了希望。

第一天，洛丽询问她们和被她们照顾的孤儿需要进行哪方面的治疗。她们回答了很多，有遭受强奸的创伤、对未来的无望、对贫穷的恐惧以及家人被屠杀的记忆，还有留下来继续照顾孤儿的绝望。

她先对强奸创伤进行了敲击治疗。仅仅 3 轮过后，她们的主观焦虑评分就从 10 分降到了 2 分，而且她们的轻松也是看得见的。“这些年轻的幸存者们第一次感受到了身心的宁静和安全。”她说。

从 2008 年开始，洛丽参加了一个志愿小组。这个志愿小组为参加住宿制的高中孤儿院的 500 名大屠杀幸存孤儿提供定期服务。孤儿院坐落在山顶上，位置十分偏僻。当年，附近的区域险遭大屠杀的洗劫。尽管志愿小组在这里的工作极为成功——只用了一年时间就将创伤发作率降低了 90%，但洛丽认为仅有这些治疗还不够。一旦这些年轻人毕业，他们就会对未来失去希望而再次遭受创伤，因为他们没有机会上大学，学习技能，或者从事能够让他们摆脱贫困的经营活动。

洛丽决定把她的工作扩大为一个项目，项目的名称就叫作光明计划（Project LIGHT）。她向我解释：“这些经受过创伤的寡妇和孤儿承受的负担太重了，凶杀、折磨、截肢、艾滋病、无家可归、贫困……卢旺达几乎 90% 的民众都亲眼看见过种族大屠杀的残酷，所以从某种程度上说，这整个国家都患有创伤后应激障碍……每一次去卢旺达，我都会被那些年轻人激励。他们的恢复力、同情心、专注感和容忍度都让我真切地认识到，医治整个世界是可能的。”

2011 年 5 月，在敲击疗愈团队的支持下，洛丽开展了一种新型的基于情绪释放疗法的人道主义援助。这是世界上首个在国际范围内疗愈青年、促进其成长来培养领导力和企业家精神的援助项目。截至今日，该项目已硕果累累。“我们把敲击治疗作为一切工作的基础，这些工作包括疗愈身心、培养解决问题和解决冲突的能力、培养创造力、提升效能和专注度、促进团队建设、实现个人成长。”洛丽说。

光明计划采用间接培训的方式展开援助。首先培训项目大使，再由后者将情绪释放疗法传授给社区里成千上万的民众。

马蒂厄（Mattieu）、伊薇特（Yvette）、德西雷（Desire）和菲德尔（Fidel）是光明计划第一期的项目大使，他们已经把自己的绝望和痛苦转化成了对自己和他人的关爱、同情和喜悦。除去在社区教授情绪释放疗法外，他们还当选或被任命为地方政府的公职人员。现在，同样重要的是，他们已经建立了能够自给的微型金融企业，找到了摆脱贫困的出路。

尽管洛丽运用情绪释放疗法疗愈的案例很多，但她首先想起的还是光明计划项目大使尚塔尔（Chantal）。在种族大屠杀时，尚塔尔只有 8 岁，她目睹了全家人被害的场面。她的脖子上也挨了一刀，脑袋险些被砍下来。后来，她在一堆死尸中醒来，身边是她的叔叔。她爬到附近的树林，看到凶手们正在把仍然活着的人杀死，其中包括她唯一还未被害的家人。

从那天起，尚塔尔就和陌生的混混一起生活在大街上，同时还遭受着巨大伤痛，她几乎体验过创伤后应激障碍的全部症状：焦虑、恐惧、绝望、抑郁、惊恐发作、失眠、疼痛……

2009 年，当洛丽见到尚塔尔时，她又一次无家可归。每天晚上，她只能偷偷地爬进工地的小窝棚去睡觉。那时洛丽几乎帮不上什么忙，但两年后光明计划启动了，洛丽知道尚塔尔会是一个优秀的项目大使候选人。神奇的是，洛丽最终找到了她，并把她带进了光明计划首期住宿培训里。学习情绪释放疗法后没几天，尚塔尔的状态就发生了转变。“她开始有了强烈的改变生活的愿望，她的躯体病痛减轻了，心理症状也在第一周当中降低了 36%。”

现在，尚塔尔已经 26 岁了，她已经成了激励他人的出色榜样。洛丽微笑着说：“通过参加光明计划，尚塔尔已经在村子里开了自己的杂货店。周围老老小小的顾客不仅去买面包、糖果，还找她做咨询，学习情绪释放疗法，而且村里的老人们推举她进入了国家妇女领导委员会（The National Women's Leadership Committee）。”

听到洛丽所讲述的故事，我比以往更加相信，不管我们的世界面临怎样的困难和挑战，情绪释放疗法都能发挥强大的威力。如果卢旺达的尚塔尔能够用情绪释放疗法治好自己的严重创伤，为什么其他人不能做到呢？

由于项目获得了极大的成功，洛丽此时正在为扩大光明计划寻找资助。“我此刻在关注肯尼亚、印度和南非。”她说，“我希望，情绪释放疗法能通过光明计划获得更大的认知度，同时希望光明计划推动我们把这一领先的治疗技术提供给全世界最需要它们的人。这样，我们的下一代就能弥合伤痛、努力工作并把我们带入一个和平的未来。”

回想与洛丽的谈话，我不得不惊讶于光明计划在卢旺达所获得的成效和项目人员所付出的努力。洛丽把情绪释放疗法看作是进入其他治疗手段的一扇大门，包括冥想、祈祷、唱歌和其他积极的努力。我和洛丽都认为，情绪释放疗法能有效地帮助人们开放身心，同时为他们提供冥想乃至祈祷的关注点。情绪释放疗法所具有的灵活性正是它在世界各地广为使用，并且取得良好效果的原因之一。这种灵活性使情绪释放疗法能适应各种不同的文化、信仰、宗教等特色和传统。

坐落在以色列采法特市（Safed）的创伤治疗中心（The Israel Trauma Care Center）始建于 2006 年。从很多方面来看，这里与卢旺达的情形都不同。治疗中心开始运营前，以色列北部地区遭受了超过 500 名恐怖分子的火箭弹攻击。治疗中心向表现出创伤后应激障碍症状的采法特居民实施情绪释放疗法，这些症状包括失眠、惊恐发作和对巨大噪音的强烈恐惧。他们运用情绪释放疗法对当地民众进行了成功的治疗，这一成果也获得了采法特市长的肯定。

别让猖狂的海啸继续摧残年轻的心脏

2006 年，印度尼西亚发生地震时，特迪（Tedi）还是一个 7 岁的孩子，当时他正和朋友在海滩上玩耍、奔跑、欢笑。当脚下的大地颤动时，两个孩子和邻居家的一只羊立即向最近的一所房子冲去。片刻过后，房子被海啸冲进了丛林里。又过了几个小时，海水终于退去，特迪发现自己被困在已经损坏的房子里，他感到又害怕又孤单，而他的朋友和那只羊都死了。整整两天过去，特迪才获救，当时他已经筋疲力尽，内心也受到了极大的创伤。

特迪无法入睡，夜里总是止不住地冒汗，这个年轻的生命正在遭受创伤后应激障碍的摧残。为了能让他的精神状态得到恢复，创伤缓解和情绪支持疗法（Trauma Relief & Emotional Support Techniques，简称 TREST）的创始人迪帕克·莫斯泰特（Deepak Mostert）开始教他运用情绪释放疗法。

结果，仅仅经过一次治疗，特迪的创伤症状就消失了。在接下来的几年当中，特迪做了更多的敲击治疗，最后他终于找回了原先那个勇敢的自己。很快凭借自己的努力，他成了当地的领导人。每当迪帕克在他的家乡举办情绪释放疗法治疗班，特迪都会去参加。

从 2006 年开始，迪帕克的创伤缓解和情绪支持疗法援助机构（TREST Aid Organization）一直在受灾地区帮助幸存者克服创伤后应激障碍。在迪帕克看来，特迪的进步又一次证明，对于遭受创伤的幸存者来说，情绪释放疗法确实是最快速、最有效的治疗方式。

迪帕克原来是一位警察，后来经过培训而成了心理治疗师。他很早就开始关注遭受创伤的受害者。他之所以对创伤感兴趣，是因为自己曾经遭受创伤后应激障碍的折磨。

22 岁那年，迪帕克被困在了一栋着火的建筑里；31 岁那年，他又被困在了一辆着火的汽车里。2006 年地震袭击印度尼西亚爪哇岛（Java），造成近 6000 人死亡，120 万人无家可归，迪帕克听到这个消息后立即挺身而出去帮助当地的一个非政府组织，并且实施了援助当地孩童的计划，这些孩子的精神、思维和心灵都遭受了看似无法修复的损伤。

迪帕克见到了无数年轻却充满忧郁的面庞，而传统的心理治疗似乎无力让这些忧郁消失。因为对于人数这么多、受伤这么深的群体来说，传统的心理治疗根本治不过来。迪帕克决心尽可能为他们带来改善，所以他开始尝试运用情绪释放疗法。结果他很快发现，只花几个小时、几天的时间就能让几百、几千个年轻幸存者的创伤减轻。迪帕克一次可以治疗 100 个孩子，而且能有效地帮助他们重现微笑，帮他们从头痛、腰痛、严重焦虑、恐惧、绝望、无助和悲伤中解脱出来。

迪帕克取得巨大成功的消息不胫而走，他和他的团队开始培训其他团体，包括政府医疗卫生部门的员工、心理医生、学生、青少年组织和教师等，之后，这些人再运用他们的技能，作为情绪释放疗法治疗师去治疗更多的人。

在迪帕克和他的团队的持续努力下，他们已经培训了 15 898 名情绪释放疗法治疗师。在那次援助中，他们和他们培训的治疗师在短短 3 个星期内就治疗了 377 214 名遭受创伤侵害的受害者。

创伤缓解和情绪支持疗法援助项目远远超出了迪帕克的预期，他解释说，情绪释放疗法通过敲击身体治疗心理症状，疗效显著，是遭受创伤后应激障碍困扰之人的重要疗法。

“从心理学的角度讲，一次创伤就是一个不断下陷的漩涡。”迪帕克说。这个漩涡往往包含着记忆，比如烟火的气味或者水灌进肺脏的感觉。敲击治疗能让幸存者同时接触到自己的情绪和身体能量，所以它能以比谈话治疗快得多的速度让幸存者从创伤中解脱。“对大多数幸存者来说，体会身体感觉令人不安，但借助情绪释放疗法重新体会身体的感觉，情绪就能慢慢地在这一过程中稳定下来。情绪释放疗法就像一只锚，有了它，他们的船就不会在漩涡里一直陷下去。”

创伤缓解和情绪支持疗法援助机构总共在 7 个地方实施了他们的援助计划，仅仅在印度尼西亚这一个地方就影响了超过 100 万的幸存者。迪帕克发现，在灾后重建过程中，创伤后应激障碍会如瘟疫一般爆发出来。为缓解这一时期人们的巨大压力，迪帕克的援助机构不断重返受灾地区，继续培训当地民众，教他们如何运用情绪释放疗法。

从一开始，对幸存者的培训就被证明是成功的。迪帕克说：“在每 1000 名受过培训的幸存者当中，只有 2 ～ 3 名需要后续的创伤治疗支持。”对于一个由 4 名志愿者组成的援助小组来说，每一个学校需要花 3 小时，每天可以治疗 3 所学校，这样下来，他们一天就可以治疗 1200 ～ 1500 名学生，同时培训 60 ～ 120 名教师。如果有更好的资源和条件，这一数字还能大幅增加。一个由 4 名志愿者组成的援助小组每月最多可以治疗 25 万名幸存者。

迪帕克认为，“创伤是人类进步的重大阻碍。”为了发挥更大的影响力，迪帕克开发了一个三级培训项目，他希望能把这一项目应用于全球的受灾区域。他的目标是建立一个面向全球政府和社区的训练机构，该机构专门培训情绪释放疗法，以便在灾后的创伤治疗中运用。

捍卫生还者的正常生活

迪帕克·莫斯泰特讲述他在印度尼西亚所做的灾后康复工作时提到，创伤后应激障碍的发病期在灾后的几个月到几年之间。确实，那时大部分救援项目都结束了，而且当地人在灾难发生后首次离开临时居住区，回到他们先前的家乡继续“正常的”生活。可以想象，当你在一场战争或一次自然灾害结束后回到家中时，你一定会不断地回想起那些失去的最亲最爱的人。所以在这一阶段人们会遭受恐惧、焦虑、悲伤和其他潜在的创伤后应激障碍症状的困扰。

然而，重建时期十分关键。从自然灾害中恢复需要大量的投资，政府所担负的重建整个村庄（包括公路、市政管网等基础设施）的财政负担是非常沉重的，它极度需要当地居民以饱满的状态回到工作中去。在这一阶段，民众的工作效率越高，当地经济复苏就越快，他们就能越早实现自给自足，而无须政府的再援助。

如果返回家中的人们都被创伤后应激障碍折磨得身心俱疲，他们就无法开办农场、经营商店、驾驶出租车，无法承担既能供养自己又能支持当地经济发展的任何工作。

如果一个 4 ～ 5 人的创伤缓解和情绪支持疗法志愿援助小组能够进去那片区域，并且在接下来的 30 天内运用情绪释放疗法治疗成千上万遭受创伤后应激障碍折磨的民众，这时你就能看到，情绪释放疗法在整个经济和社会的重建当中发挥着怎样的关键作用。如果当地民众没有获得真正的心理支持，重建工作很快就会一片混乱，进而让本来就困难重重的经济步入危机。而当情绪释放疗法提供深入持久的心理康复援助后，重建工作就能顺利开展，于是衰落的社区能够焕然一新，对经济至关重要的商业活动也能得到极大的发展。

就像光明计划的洛丽·莱登所说的那样，没有情绪释放疗法所提供的身心疗愈，民众就无法重新回到社会中，无法回到工作岗位，无法让经营活动重新开张，无法上学，无法过上健康、有成效的生活。不过，有了情绪释放疗法所提供的心理疗愈，人们就能迅速恢复，从而有能力克服哪怕最恐怖、最具破坏力的灾难。

瓦哈卡计划：生命最后的微笑

德博拉·米勒（Deborah Miller）所做的情绪释放治疗直达人心、令人振奋，同时也让人揪心。德博拉是一位情绪释放疗法的践行者，也是细胞和分子生物学博士。她志愿把自己的时间和才华贡献给墨西哥瓦哈卡州（Oaxaca）的奥雷利奥·巴尔迪维索综合医院（Hospital General Aurelio Valdivieso）的儿童癌症病房，在那里有一个名为“瓦哈卡计划”（The Oaxaca Project）的项目。迄今为止，德博拉已经运用情绪释放疗法帮助了几十位癌症患儿。

肿瘤学专家阿曼多·克罗·埃尔南德斯（Armando Quero Hernández）博士已经在医院工作了 15 年，他见证了德博拉的治疗工作所产生的显著效果。他说：“做了情绪释放治疗后，家属不那么紧张了，孩子不那么难受了，也更有活力了。有一个小女孩觉得没有希望，于是开始拒绝服药，也不配合做任何形式的治疗。这种情况十分严重，以至于她妈妈都想带着她回家等死了。然而，德博拉为她做过情绪释放治疗后，小女孩开始放松下来，笑容也越来越舒展。没多久，她就同意继续吃药和接受治疗了。”德博拉补充说：“通常患儿对自己的病情非常担心，对躲不掉的疼痛和他人的来访也非常厌烦，以至于情绪低落，十分消沉。”

埃尔南德斯博士说：“即使是对临终的病人，情绪释放疗法也扮演着重要的角色。它能缓解痛苦，给患儿及其父母带去安宁。敲击治疗为整个癌症病房赋予了一种基调——痛苦是为了走向希望和安宁。”

很多年幼的患儿害怕针头、医院，甚至害怕白色（医院及所有与医院有关的东西都可能是白色）。通过情绪释放疗法，他们能把这些恐惧释放掉，同时更快乐，更有活力，甚至身体也更强壮。同时，患儿的父母也能通过情绪释放疗法来处理精神上、心理上、财务上无法逃脱的巨大压力。

很快，情绪释放疗法在个体身上展示的正面效果也给医院带来了益处。埃尔南德斯博士非常肯定地说："情绪释放疗法能创造更平静的情绪状态，也能促进血液病的康复，这一点本身就有临床上的应用价值。"有一位十几岁的病人叫迪亚哥（Diego），他的癌症意外复发了，导致健康状况直线下降。经过德博拉的情绪释放治疗后，他的心理状态，连同免疫水平都显著好转。随着迪亚哥的迅速康复，医院的医生和护士就能更多地照料别的患者了。

由于类似的一幕经常发生，于是埃尔南德斯博士断言，情绪释放疗法不仅显著提高了患儿的生存质量，而且为他所在的这类医院创造了可观的优势。情绪释放疗法通过改善病患的心理状态，或许能降低感染，减少并发症，甚至降低病患所需的服药量。这样一来，实验室的工作量就能减少，而治疗一名病患所需要的护士人数也能减少。对医院来说，这样就能缩减大量开支，这样奥雷利奥·巴尔迪维索综合医院这样的机构就有能力收治更多的癌症患儿。

除了能帮助患儿和他们的家人外，情绪释放疗法还是医护人员的重要工具。埃尔南德斯博士提到，因为有了情绪释放疗法，治疗的气氛和环境变得更积极了。此外，情绪释放疗法还提高了医生解决问题的能力，而且它促使医护人员对癌症患儿表达了更多的关注。

德博拉的乐观和充满关怀的态度传递了满满的正能量，毕竟，瓦哈卡计划最大的特点就是要把欢笑带给这些癌症患儿们。

"你会爱上这些孩子。"她微笑着说，"他们很美丽，很有力量，也很勇敢。他们和这种可怕的疾病生活在一起，并且尽力克服它。把促进康复的疗法教给他们，看着他们的笑容在你眼前绽放，那种感觉真是美极了。我常常跟孩子们尽情地玩笑，以至于忘记了这是癌症病房。瓦哈卡计划的目的不仅仅是治愈疾病……它真正的目的在于创造美好的感觉。”

瓦哈卡计划令人兴奋的一点在于，德博拉把情绪释放疗法补充进了传统的医学治疗当中。她并非用情绪释放疗法干涉医生的治疗，而是借助它来减轻患者对疾病、手术和其他治疗措施的焦虑。而且，就像埃尔南德斯博士所谈及的那样，德博拉的工作也帮助了医护人员。她不仅为他们提供了促进治疗的工具，而且他们也可以把这个工具运用到自己的生活当中。

参加录制《轻疗愈》的情绪释放专家帕特里夏·卡林顿博士作过一些关于情绪释放疗法的研究，其被试者有医生、护士和患者，尽管研究规模不大，但结果很有说服力。研究显示，情绪释放疗法能降低病患对药物的需求，缓解他们的疼痛和焦虑，为医护人员提供释放压力的出口并提升其护理水平，而且还能降低医院的总体支出。

卡林顿博士在自己的网站上写道：“我能预见有这么一天，情绪释放疗法会成为医院普遍接受的治疗方法和外科手术前的必不可少的步骤之一，这是一个值得期待的未来。”

压力缓解计划：清除战争记忆

在美国，针对退伍老兵的情绪释放治疗也在如火如荼地开展着。看到情绪释放疗法如何在卢旺达和墨西哥帮助遭受创伤的病患摆脱困扰时，你可能就不会对这件事感到惊讶了。

抑郁、焦虑、失眠、噩梦、嗜酒、滥用药物、暴力、自杀倾向、妄想……这些仅仅是创伤后应激障碍的一小部分症状，这种症状在经历过战争的退伍老兵中已经司空见惯。

对于这种创伤，传统的治疗手段还没有比较有效的办法，也正是因为这个原因，情绪释放疗法的创始人加里·克雷格和灵魂医学研究所（Soul Medicine Institute）的创始人道森·彻奇博士才共同发起了一个叫作“压力缓解计划”（The Stress Project）的治疗项目。其目的是训练退伍老兵运用情绪释放疗法，以便将带来巨大痛苦又挥之不去，而且往往又非常残酷的战争记忆清除。

为了验证情绪释放疗法确实具有这一作用，克雷格和彻奇找来了 5 名参加过越南战争和伊拉克战争的退伍老兵，他们都遭受过严重的心理创伤。接下来，他们花了 5 天的时间为老兵进行敲击治疗，帮助他们减轻创伤后应激障碍的症状。

现在，这最初的 5 名老兵已经增加到了 3000 多人，压力缓解计划所带来的显著疗效也扭转了一向对情绪释放疗法持怀疑态度的大卫·格鲁德（David Gruder）博士的看法。格鲁德博士是美国加利福尼亚州（California）圣迭戈市（San Diego）的一位临床和组织心理医生，他现在把自己描述为一个“非常非常热心于情绪释放疗法的人”。他的看法之所以有如此大的转变，是因为其显著疗效。

经过一小时的敲击治疗后，皮质醇水平下降 25%；经过 6 次治疗后，创伤后应激障碍的典型症状下降了 63%，焦虑和抑郁下降超过 50%。尽管这些治疗数据令人印象深刻，但老兵们的亲口描述才最有说服力。

阿特·弗里托格（Art Fritog）的创伤后应激障碍曾经发展到极为

严重的地步。他会进入一种极度愤怒的状态，甚至威胁要杀害陪伴了自己 33 年的妻子和他们的孩子。但仅仅在压力缓解计划中接受了 3 天的治疗后，阿特就能一边温柔地握着妻子的手，一边平静地跟她讲述自己的感受，脸上还充满笑容。

他妻子感激地说："这是 5 年来我们第一次真正地谈话。"谈到自己目前的精神状态，阿特补充道："我还能像一个真正的人一样生活，不受恐惧干扰，这点太让人兴奋了。"

刚参加压力缓解计划时，安迪·哈德尼克（Andy Hodnick）口吃非常厉害，而且伴有严重的偏执、反社会和暴力倾向，此外，他还时常做有关伊拉克战争的噩梦。经过敲击治疗后，安迪能平静地讲述自己过去的经历了，他的口吃也好了，而且也没那么偏执了，以前他不能去餐馆吃饭，现在终于可以去了。

卡林·斯隆（Carlin Sloan）也是一位伊战老兵。在参加压力缓解计划之前，他喝起酒来没完没了，直到喝得不省人事，醒来后一睁眼又会去拿酒瓶子。这是他唯一能想到的摆脱过去记忆的方式。他清楚地记得他眼睁睁看着一个孩子被炸飞了，紧接着一群妇女向他跑来，大喊孩子是他杀的。被内疚牵绊，被记忆纠缠，还要忍受下巴和脖子的灼痛，卡林简直被折磨得死去活来。

接受情绪释放治疗仅仅几天，卡林就滴酒未沾地睡了一夜，并且报告醒来后的感觉很好。几个月后，卡林完全戒掉了嗜酒的毛病，也不再有内疚感了，下巴和脖子的疼痛也消失了。而且最为重要的是，他的精神状态发生了彻底的转变。

"我很快乐。"他说，"在接受情绪释放治疗之前，如果我说我很快乐，那就是太阳从西边出来了。可是现在，这句话我一天差不多能说10次。”

与瓦哈卡计划中的病患感受到的一样，情绪释放疗法也能让老兵迅速摆脱症状的困扰。很显然，这样一来，健康保险公司就能减轻很大负担，不用再为持续数月或数年的无效治疗支付昂贵的费用了。

情绪释放疗法带来的益处远不止如此。如果它能够与药物等传统的治疗方式结合使用，健康保险公司、医院和医生就能花更少的钱取得更好的疗效。这些节省下来的开销就能对整个医疗系统产生极大的影响，促进重大改进的发生，包括将更多的人群纳入医疗保障体系、为病患和老年人提供更好的护理等。

换回一个美好新世界

情绪释放疗法能够治疗乃至治愈那些遭受过创伤的人们，否则他们就会在身体上、心理上和精神上遭受长期的折磨。认识到这一点，你就很容易想到，情绪释放疗法将在全世界掀起一场怎样的变革！

指尖敲出丰盛

为美好世界送出一份力量

我们在这一章里谈到了几个项目，有光明计划、创伤缓解和情绪支持疗法援助计划、瓦哈卡计划和压力缓解计划。他们需要各种各样的支持来继续他们出色的创伤疗愈工作。

我希望你能花一些时间来看看他们的网站，同时提供力所能及的帮助。与大多数非营利组织一样，他们最紧迫的需要仍然是资金。不过，他们也需要人手来传递他们的消息。所以，你可以把下面的网址（以及这本书）通过电子邮件、社交工具和其他联系方式分享给你的朋友和家人。谢谢！

光明计划（ProjectLightRwanda.com）

运用情绪释放疗法和现场培训帮助整整一代的大屠杀幸存者摆脱创伤后应激障碍的困扰，并帮助他们重塑生活、重建家园。

创伤缓解和情绪支持疗法援助计划（TRESTAid.com）

将情绪释放疗法传授给印度尼西亚的地震受灾民众，帮助他们治疗创伤后应激障碍，重新开始新的生活。

瓦哈卡计划（OaxacaProject.com）

借助情绪释放疗法促进癌症患儿康复，并为遭受病痛折磨的心灵带去一份安宁。

压力缓解计划（StressProject.org）

使用情绪释放疗法帮助越战和伊战老兵治疗创伤后应激障碍。

THE TAPPING SOLUTION

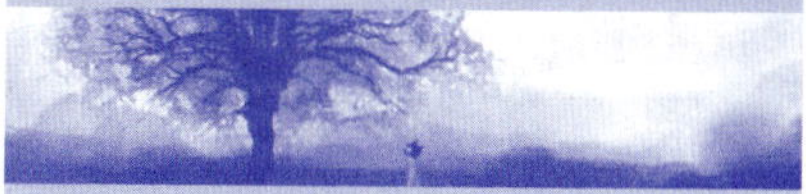

后记

遇见真正的自己

“在我生命的大多数时间里，我相信事情本来就应该是它们现在的样子。我不知道这其中的原因，不理解我做事的根源，也无法预计自己能作出怎样的改变。如果我怨恨某人，那一定是因为他做了什么对不起我的事情；如果我觉得自己受到了伤害，这也是完全正当的感受，因为是有些人让我受到了伤害；如果我以某种方式做事情，这也是因为我个人的特点。我就是这样，做事情，对事情作出反应；作决定，体验负面的情绪和结果，同时相信，事情只能是这样。”

如果你对上面所描述的感觉（不管这种感觉发生在现在还是过去）很熟悉，你就会知道，这并不好玩，不相信自己能掌握自己的未来是一件痛苦的事情。

幸运的是，在人生的某一时刻，我开始慢慢地为自己的生活负起责任。我逐渐发现，我正是被过去的经历所塑造。我渐渐明白，尽管生命当中的负面经历不是我的过错，但我确实该为它们负责。

在最初反省生活的那几年，我知道我想改变，想做不一样的事情，想作更明智的决定，但我不知道怎样才能做到。我不知道怎样才能打破积存已久的恶习，怎样才能停止做已经做了那么多年的事情，怎样才能按照喜欢的方式作出反应，怎样才能作出让我热血沸腾的决定，怎样才能在生活的所有方面放手同时继续向前……

幸运的是，就在问题足够迫切的时候，答案出现了。对我来说，这个答案就是看上去有点奇怪的情绪释放疗法！当我第一次体验情绪释放疗法的威力时，我惊呆了。随后，它继续不断地在我和周围人的生活里制造奇迹，让我一次又一次地目瞪口呆。

我希望书中的内容能够对你有所启发，能够激励你，并且最重要的是，能够实实在在地帮助你作出你所期望的改变。如果你把这本书通读了一遍，却没有练习，也没有关系，但我强烈建议你回顾一下书中的练习，同时进一步查看网上那些能让你真正体验到情绪释放疗法的资源。

这本书无法介绍与情绪释放疗法有关的全部内容，我只能分享这么多，这让我有点难过，但我实在不能用一本3000页的大部头来增加你的负担！我治疗过的所有来访者都拥有他们自己的故事，也都能自成一书。在这里，我只希望这本简单介绍情绪释放疗法的书能够激发你的兴趣去了解更多，并且在自己的生活中继续敲击治疗的旅程。

我们在这本书里讨论了各种各样的问题：身体疼痛、疾病、儿童时期的创伤、情感关系、赚钱、减肥等。当你继续自己的生活时，你可能得把注意力集中在某一个问题上，了解你在这一方面的具体进展，这样你才能保持专注，同时轻松地对你努力的结果作出评价。

请与家人和朋友一起分享

如果问我在传播这一强大治疗工具的过程中面临的最为重大的挑战是什么，答案就是情绪释放疗法这一概念对于公众来说太陌生了，而且它和传统医学的差别太大了，以至于没有任何文化或心理学方面的线索促使我们真正地体验它。

当我们打开电视机，我们会得到各种各样的线索，包括好吃的、好喝的，还有药品、汽车等，可能看见一只狮子你就知道去哪里买什么擦伤药。但不幸的是，电视上没有放慢生活节奏然后去原谅、去疗愈、去关爱的广告。我经常公开地讲，在个人发展和替代医学领域也许会有很棒的事情发生，那就是某个人通过疗愈他人成功地赚到 10 亿美元，然后在超级碗（Super Bowl，美国国家橄榄球联盟的年度冠军赛，是美国最有影响力的赛事之一。——译者注）的比赛中间插播一条商业广告，就放在药品广告的后面，提示观众“运用情绪释放疗法敲一敲，敲去病痛和烦恼，敲来好运连连惊喜不断”，也许情绪释放疗法的知名度会大不相同。

不过在这之前，你还得提醒自己进行敲击治疗，加入有很多人敲击治疗践行者的网站或交几个了解敲击治疗的朋友。你进行敲击治疗的次数越多，体验到的益处就越大，你就越不容易忘记治疗。

阅读了这么多精彩的内容，也听说了别人的成功经历，你很可能已经想到，你的身边正好有一两个人（或者 10 个人）或许能够从情绪释放疗法中获益。当初我拍摄纪录片《轻疗愈》的原因之一就在于，当人们与他人分享这一疗法时能有一个直观的了解途径。

我发现向别人推荐情绪释放疗法的最佳方式是分享你的个人经验，讲讲它在你身上有什么作用或者把纪录片及这本书递过去，然后温柔地建议对方试一试。而且如果对方意识到你要“治疗”他们，他们就会拒绝，如果你的朋友和你所心爱的人感觉到，你只是怀着一颗开放的心给他们提供一些支持和帮助，这时他们就愿意接受你的建议了。

正像我上面所说的，这本书仅仅是自我疗愈之旅的一个开始，一个起跳点。如果你想继续深入下去（我非常建议你这样做），就请访问我们在网上的所有资源吧。关于这些资源的网址，我已经在这本书里多次提到，你可以先访问 www.thetappingsolution.com。

我还经常被问及，怎样才能成为一名情绪释放疗法的教练，或者要接受怎样的培训才能教授他人。体察他人内心，并且引导他们实现疗愈和成长是我一生中最有收获的经历之一，我非常推荐你做这样的工作。我们已经在下面的网址列出了你需要用到的资源：www.thetappingsolution.com/training。

你也能成为希望和疗愈的灯塔

归根结底，情绪释放治疗就是让你释放过去的创伤和负面经历，同时从中获得启示的过程。它就像剥洋葱，一层一层，层层不断，释放掉怨恨后，却发现下面还有悲伤；把悲伤抚平后，取而代之的是理解；理解又通向觉知和喜乐；觉知和喜乐又转变为安宁和爱。我们就这样一层一层地剥下去（中间通常还会流眼泪），剩下的就是真实的自己。这就是情绪释放疗法：认识自己最深处的美丽，理解并原谅过去，发现未来蕴藏的可能。

获得幸福、快乐、安宁的生活是可能的，成为一束散发能量的柔光、一座希望和疗愈的灯塔也是可能的。我从没有想到过，通向如此喜乐、安宁、富足的路径之一竟然是在身上敲敲打打。不过生活中最神奇的事情总蕴含着神秘，这一点没有几个人能参透。

从我个人的经历当中，我得到了一个经验。它经受了科学研究的检验，经受了几百万践行者的检验，也经受了世界各地人道组织的检验。即便这些都不算数，那还有我个人所经历的事实。我知道，我希望你也知道，或者你也开始知道：情绪释放疗法确实有效。

它的疗效，我看到了，也体验到了。我借助它改变了我的生活，这一转变深刻、美丽、令人称奇。对未来，我仍然充满敬畏，但也充满激情，这个未来，是你的未来、我的未来，也是人类的未来。

我迫不及待地想在生活的旅途中遇见你，听你讲述过去的经历，我也迫不及待地想听你告诉我，情绪释放疗法如何帮助你疗愈身心，祛除病痛，越过障碍，收获多年前就该属于你的富足，如何帮助你原谅那些伤害过你的人，最后建立起你梦想的生活。

梦想成真的礼物

你还在看吗？太棒了！下面的部分是对坚持看完这本书的读者的一个奖励。现在，我就来一条一条地恭喜你。除非，你只是把书翻到最后来看结局，不过这不是小说，所以这个“除非”不存在。

如果你已经看到了这里，我就知道：你渴望改变，渴望更好的生活，渴望让自己和这个世界变得更好。我希望你在前面读到的内容能够帮你梦想成真。我准备了一个简短的课程，它可以帮助你把你在这本书里学到的内容付诸实践，进而推动你进入下一个阶段。你可以在 www.thetappingsolution.com/

mygift 找到这个课程。它是百分百免费的，是我送给你的礼物，因为你读完了这本书，而且为自己和这个世界作出了努力。

THE TAPPING SOLUTION

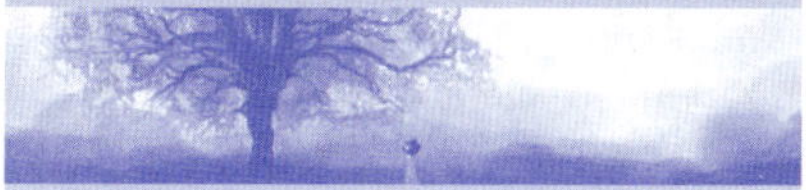

附 录

进阶训练

如果你想进行敲击治疗的进阶训练，就可以查看下面的这一系列资源，它们基本上涵盖了这本书所涉及的所有问题。

里程碑式的发现

获取情绪释放疗法背后令人振奋的最新科学研究的详细信息：www.thetappingsolution.com/research。

快速入门：现在就来体验情绪释放疗法

观看敲击治疗短片：www.thetappingsolution.com/tappingvideo。

不再抗拒改变

如果你想了解更多消除具体障碍的方法，请点击：www.thetappingsolution.com/change。

治疗过往的伤痛

过去的创伤让你停滞不前吗？在这里你能找到突破的方法：www.thetappingsolution.com/thepast。

疗愈身体

在促进身体疗愈方面，情绪释放疗法被证明极为有效，在这里你可以了解更多：www.thetappingsolution.com/heal。

缓解身体疼痛

我们的“疼痛缓解世界峰会”是一个线上活动，已经超过10万人参加。如果你想战胜身体疼痛，它就是你需要的资源。你可以在这里免费观看预告片：www.thetappingsolution.com/painrelief。

营造有爱的、健康的情感关系

如果你想表白，或者提升你们之间的感情：www.thetappingsolution.com/love。

消除恐惧和恐怖症

从害怕坐飞机到害怕公众演讲，它能帮你解决特定的困难：www.thetappingsolution.com/overcomingfears。